U0104306

博學與雅緻

明道管理學院通識教育研討會

許淑華◎主編

目　　錄

I

全民國防教育的構思與落實

蔡明憲　博士

前國防部軍政副部長

摘要

全民國防係由軍事防衛與全民防衛兩項要素構成。全民防
衛動員統合分配國家人力與物力，平時支援災害防救，戰
時支援軍事作戰，且全民國防教育旨在增進全民國防
知識，凝聚全民防衛國家之意識，以達鞏固國防、確保國
家安全之目的；並積極推動國防教育，因此，學校教育係
全民國防教育中的最重要一環，將全民國防教育的施教對
象擴及至中小學教育，進而與社會教育與公民教育結合，
藉由激發國民愛鄉愛國情操，鞏固國人精神戰力，在對國
家有了堅定的認同後，方能培養全民國防共識，為保衛國
家而努力。

關鍵詞：全民國防　軍事防衛　全民防衛　國防教育

一、全民國防的內涵

基本上，中華民國的國防係由軍事防衛與全民防衛兩項要素構成。因此，國防法第三條明文規定：「中華民國之國防，為全民國防，包含國防軍事、全民防衛及國防有關之政治、經濟、心理、教育等直接、間接有助於達成國防目的之事務」。根據上述說法，可知我國國防在理念與實際作法上係屬「綜合性安全」的概念，其目的乃在透過對全國人力與物力的妥善動員，以政治建設為基礎，以經濟建設為後盾，以心理建設為動力，以軍事建設為核心，以科技研發為先導，有效整合全民有形與無形資源，增進國防戰力確保國家安全，而非單獨透過軍事手段予以達成。

二、中共對台灣之威脅

近年來，中國不斷由俄羅斯引進各型新式載台與武器系統，使其具有倍於往昔的兵力投射能力，不僅使兩岸軍力失衡的情形更加惡化，亦使台灣在國家安全上面臨了更為嚴苛的挑戰。由於兩岸在整體國力上相差懸殊，單就軍事力量而言，台灣是較難有效因應中國對我形成的巨大軍事威脅。由於台灣國土面積不大，加上國防資源有限，當兩岸發生軍事衝突時，台灣極易為中國使用武力佔領或是摧毀。在這種情況下，台灣必須能夠有效整合政治、經濟、

社會與心理等不同型式的防衛手段，方能藉由此種不對稱的途徑，有效化解中國對台灣的巨大軍事威脅。事實上，這就是台灣國防為何採用全民國防做基本理念的最重要原因，這是軍力相對弱勢國家因應巨大軍事威脅的有效方式。因此，全民國防對台灣具有重大的戰略意涵，亦是全體國民必須具備的基本概念與常識。

三、全民國防之有效案件—以色列

即以和我國處境相似的以色列為例，其在龐大強敵環伺之下仍能維持穩定成長，端賴全民國防意識的凝聚與養成。在歷次的中東戰爭期間，以色列政府透過對工商業與交通運輸部門的強力動員，配合地方產業、醫院與學校等配合實施動員，遂能在極短時間內擊敗數量龐大的敵人，使以色列能夠轉危為安。從以色列全民國防案例來看，可知以色列藉由全民防衛意識的支撐，加上全國人民對全民國防的深切認知，不僅使國家安全獲得了保障，亦間接維護了個人生命與財產的安全，此點值得台灣兩千三百萬人民學習與效法。

四、全民防衛動員

事實上，早在民國 90 年 11 月，我國即已完成「全民

防衛動員準備法」的立法工作，此法對建構全民動員體系
與落實全民國防理念具有相當大的助益，過去以國防部為
主的軍事動員體系，藉由此法立法順利地提升至行政院層
級，這對統合分配國家人力與物力，平時支援災害防救，
戰時支援軍事作戰，具有不可言喻的重要性。換言之，「全
民防衛動員準備法」及其相關 19 個子法的立法，標示著我
國在全民防衛的準備上已有了周全的政策指導，在實際運
作上亦有了可資依循的標準。

五、全民國防教育法

再者，為了強化全民國防理念與凝聚全民國防共識，
立法院遂有制訂「全民國防教育法」的提案。在渠等提案
的要旨中提出：為遠成發展全民國防之目標，應即全力推
動全民國防教育，促使全民國防教育法制化之達成，使全
民國防知識與全民愛國意識由教育中啟發與養成，讓全民
國防之觀念深植人心，戰時才能化為具體之行動；推行全
民國防教育旨在增進全民國防知識，凝聚全民防衛國家之
意識，以達鞏固國防、確保國家安全之目的；有鑑於戰史
與我國仍面臨戰爭威脅之事實，國防教育之實施與落實遂
成為我全民國防不可或缺之一環。民國94年2月，「全民國
防教育法」立法通過後，國防部立即邀集教育部等中央部
會相關機關，對如何推動全民國防教育法相關作為進行磋

商，期能透過學校教育，社會教育，社區教育與政府機關在職教育的實施，使國民在國家認同，政治價值產生正確的判斷與認知，強化國民信心的建立與國民的整體精神素質，鞏固全民心防建設，並為全民國防的推動奠定良好的心理基礎。

六、全民國防教育日

此外，國防部依據全民國防教育法第六條：「行政院應訂定全民國防教育日，並舉辦各種相關活動，以強化全民國防教育」之規定，積極推動國防教育，並透過網路票選結果訂定每年9月3日軍人節為我國的全民國防教育日。全民國防教育日經行政院核定後，每年行政院與各級主管機關，包括國防部與教育部等相關部會，以及直轄市與縣市政府將於該日辦理各項國防教育活動，期能將國防教育的理念推動至社會各個階層，向下札根，進而使全體國民皆能支持國防建設，向外展示自我防衛決心，嚇阻外來侵略或其他國家的軍事恫嚇。

七、全民國防通識教育

全民國防教育法的立法，開啟了社會及教育學界對國防通識教育的重視，其第七條第一款明文規定：「各級學校

應推動全民國防教育,並視實際需要,納入教學課程,實施多元教學活動」。因此,學校教育係全民國防教育中的最重要一環,民國94年10月,教育部與國防部已於國防大學中正理工學院共同舉辦了八梯次的全民國防教育人員短期研習活動,用以解決全民國防師資培育問題,未來將會擴大師資培育範圍:並將全民國防教育的施教對象擴及至中小學教育,進而與社會教育與公民教育結合,藉由激發國民愛鄉愛國情操,鞏固國人精神戰力,在對國家有了堅定的認同後,方能培養全民國防共識,共同為保衛我們生長與生活的這塊土地而努力。

The Thinking and Carrying Out of National Defense for All People

Chai ming-shein

Abstract

National defense for all people contains military defense and defense of all people.   National defense for all people starts and unites and distributes manpower and materials , which supports assisting disasters as usual and battling at war. As education of national defense promotes knowledge of national defense and coagulates sense of national defense in order to consolidate national defense and security in that school education would be the most important part in education of national defense, which should be promoted to those in primary and junior school being cultivating loving of one's country.

Keywords: National defense military defense National defense for all people education of national defense

晚明《四書》學之新風貌
－以《四書遇》為中心

簡瑞銓

摘要

朱子《四書集註》自從成為科舉考試的定本之後，朱子學成為官方正統的意識形態。一直到明代，《四書集註》主導著整個《四書》學的解釋方向。因此在《四書》學解釋史的脈絡中，從明初以來可說是朱子學昂揚的時代，這時期的《四書》著作大抵皆圍繞在朱子學來發揮，少有新意。此種學術風氣則要到了王陽明的「心學」提出與三教合一論盛行後以後才有改變。這種晚明《四書》學新的面貌，日人荒木見悟稱之為「新四書學」。依筆者歸納，其主要特徵為：（一）在著作態度上持反對朱子《四書》學之立場；並以陽明心學取代程朱理學為詮釋《四書》時的思想基礎。（二）在研究精神與方法上則自由解釋大興，充滿著自由學風與解放精神。〈三〉在著作內容上，最主要的特色為呈現三教融合乃至儒佛合流的傾向。綜觀整個《四書》學史來說，晚明新《四書》學的多樣性與豐富性，其立論的自主性都可說是《四書》學史上的一道異彩。

關鍵詞：晚明、四書學、四書遇、張岱、三教合一

一、前　言

　　朱子《四書集註》自從元仁宗皇慶二年（西元 1313年）成為科舉考試的定本之後，朱子學成為官方正統的意識形態。到了明代，《四書集註》一樣通過科舉考試與官方的提倡，主導著整個《四書》學的解釋方向。因此在《四書》學解釋史的脈絡中，明初可說是朱子學昂揚的時代，這時期的《四書》著作大抵皆圍繞在朱子學來發揮，少有新意。[1]

　　此種學術風氣則要到了王陽明的「心學」提出以後才有改變。陽明心學掀起了一股反對宋代理學的新思潮，成為學術上的主流，影響天下至鉅。其興起對明中葉以後的四書學有著兩個重要的影響，第一點在於打破了百年來朱注的權威，開啟了廣闊的《四書》注疏空間；第二點在於拉近了三教間的疆界，給與了三教合一，乃至儒佛合流的新契機。[2]

---

[1] 例如，薛瑄說：「《四書集註》、《章句》、《或問》，皆是朱子萃群賢之言議，而折衷以義理之權衡，至廣至大，至精至密，發揮先聖賢之心，殆無餘蘊，學者但當依朱子精思熟讀，循序漸進。」見〔明〕薛瑄：《薛文清公讀書錄》（台北：藝文印書館，1968 年）卷一。薛瑄這一段話，可說是代表當時知識份子心中的看法。

[2] 詳見筆者：《四書蕅益解研究》（台北：東吳大學中文研究所碩

　　另一方面，晚明佛教的復興促成了三教合一論的盛
行。三教合一論盛行後，對當時的經學、思想、小說、戲
曲、民間宗教都造成一股很大的影響，其表現在《四書》
學的註釋則更快、更為明顯，蓋「明代儒生以時文為重，
時文以《四書》為重」。

　　王學興盛與三教合一論盛行後，對《四書》學形成新
的面貌，日人荒木見悟稱之為「新四書學」。[3]荒木見悟指
出晚明《四書》著作有「重視良知主體」、「儒佛融合的思
想」與「以己意自由解經」等特徵；[4]而佐野公治則歸納晚
明「新四書學」的特徵為：「進慾傾向的淡化」、「經書觀與
聖人觀的變遷」、「採用佛老思想解釋《四書》」等三項。[5]筆
者在研讀《經義考》與《四庫提要》、《續修四庫提要》及
其他資料所著錄的《四書》著作過程中，認為晚明「新四
書學」主要有以下三點特徵：

　　士論文，1996 年 6 月），頁 45-54。（日）佐野公治亦指出：「從
　　宋代至明代的經學研究可以視為從朱子的四書學的繼承、發展
　　到揚棄的過程，其中明代的王守仁居於分水嶺的地位，到了晚
　　明的《四書》學則自由解釋大興，佛教思想也大量流入《四書》
　　學解釋之中。」見氏著：《四書學史の研究》（東京：創文社，
　　1988 年 2 月），序章，第一節，頁 9。
[3] 見荒木見悟：《明代思想研究》（東京：創文社，1972 年），頁
　　292-304。
[4] 同上註，頁 292-304。
[5] 見佐野公治：《四書學史の研究》，頁 358。

（一）在著作態度上持反對朱子《四書》學之立場；
並以陽明心學取代程朱理學為詮釋《四書》時
的思想基礎。

（二）在研究精神與方法上則自由解釋大興，充滿著
自由學風與解放精神。

（三）在著作內容上，最主要的特色為呈現三教融合
乃至儒佛合流的傾向。

因此本文主要以張岱的《四書遇》[6]為觀察核心並旁及李卓
吾的《四書評》[7]、蕅益智旭的《四書蕅益解》[8]等其他著作，

---

[6] 張岱的《四書遇》成書在明末清初，其內容詳瞻博引，引用甚
多晚明學者的《四書》學言論，在時間與內容上皆具有代表性。
今人黃俊傑教授即認為：「張岱的《四書遇》與明末思潮最具
直接關係的一點，就是這部書在相當大的幅度內展現的明末四
書學研究的自由學風與解放精神。」見黃俊傑：〈張岱對古典
儒學的解釋－以《四書遇》為中心〉，中央大學共同學科主編：
《明清之際中國文化的轉變與延續研討會論文集》（台北：文
史哲出版社 1991 年），頁 332-335。

[7] 晚明四書著作如：張汝英撰《四書參》、陳天定撰《慧眼山房
說書》、余應科撰《四書千百年眼》、徐奮鵬撰《古今大全》、《古
今道脈》、楊復所：《四書眼評》、釋智旭：《四書蕅益解》、張
岱：《四書遇》等等，皆受李卓吾：《四書評》影響的情形，
由此亦可見出《四書評》在明末新四書學中的開創地位。可參
考陳孟君：《李卓吾四書評與晚明新四書學》（南投：國立暨南
國際大學中文研究所碩士論文，2004 年 6 月），頁 87-108。

[8] 蕅益大師的《四書蕅益解》可說是「以禪解經」最具代表性的
《四書》學作品。詳見筆者：《四書蕅益解研究》（台北：東吳
大學中文研究所碩士論文，1996 年 6 月），第四章。

以探究晚明新《四書》學的面貌。

二、反朱子之《四書》學,並以陽明心學為思想內涵

　　由於陽明心學的影響,朱注在晚明《四書》學中的權威性明顯削減;學者詮釋《四書》更具自信,並勇於對朱注提出質疑與批評。在這些晚明新《四書》學的著作中,反對朱子的《四書》學幾乎是共同的基調。「不讀朱註」幾乎是晚明知識份子解讀《四書》時的共識,如黃宗羲在其《孟子師說》序就表明這種立場:

> 四子之義平易近人,非難知難盡也。學其學者,詎止千萬人千百年!而明月之珠,尚沈於大澤,既不能當身理會,求其著落,又不能摒去傳註,獨取遺經。精思其故,成說在前,此亦一述朱,彼亦一述朱,宜其學者之愈多而欲晦也。[9]

---

[9] 見〔清〕黃宗羲:《孟子師說》(台北,藝文印書館,1971年),

張岱在其《四書遇自序》亦表明這種立場：

> 六經四子，自有註腳而十去其五六矣，自有詮解而去
> 其八九矣。故先輩有言，六經有解不如無解。完完
> 全全幾句好白文，卻被訓詁講章說得零星破碎，豈不
> 重可惜哉！
> 余幼遵大父教，不讀朱註。凡看經書，未嘗敢以各
> 家註疏橫據胸中。……[10]

這些反朱子《四書》學的意見中，彙總起來有版本體例問
題、註解方式與內容、到最核心的義理思想等等。茲略述
如下：

（一）關於版本體例方面：

朱熹在《大學》研究史中的創舉有二：一是提出《大
學》分經、傳的說法；二是撰作〈大學補傳〉。朱熹的《大
學》經傳之分，乃受二程的的啟發，認為《大學》「三綱、
八目」的部分應屬於孔子親作的「經文」至於「三綱、八
目」的釋文，也就是「經」的釋文，則應屬於「傳」。《大
學》經傳初步劃分之後，朱熹接著針對「傳」的部分進步

卷首，頁1。
[10] 見張岱：《四書遇》（杭州：浙江古籍出版社，1985年6月），
頁1。

加以改訂，[11]於是「傳」的部分再經朱熹細分而有十章。認為必如此，經始「辭約而理備，言近而旨遠，非聖人不能及」；自此以後朱熹的《大學》改本，隨著其《四書集註》的流傳，而影響後世深遠。

這種見解，到了明中期以後則受到了相當大的質疑，最先發難的則屬王陽明，他並抬出《大學古本》以為因應，[12]接著晚明《四書》學的詮釋者，繼承了陽明的看法，對朱子的改訂紛紛持著相反的見解，主張恢復大學古本。蕅益智旭在其《四書蕅益解》就是抱持著這種看法：

> 〈大學〉《戴禮》列為第四十二，所以章首在明明德承前章末，子懷明德而言。本非一經十傳，舊本亦無錯簡，王陽明居士已辨之矣。[13]

對大學分「三綱八目」的見解，蕅益智旭不以為然的以為：

> 親民、止至善，只是明明德之極致，恐人不了，一

---

[11] 此一部分即朱熹《大學》改本的主要內容，改訂的情形詳見李紀祥：《兩宋以來大學改本之研究》，第二章第四節，頁60。

[12] 詳見筆者：《四書蕅益解研究》，頁46-48。

[13] 見蕅益大師原著，江謙居士補註：《四書蕅益解補註》（台北：佛教書局，不著年月），頁2。

一拈出，不可說為三綱領也。[14]

對朱子的「格物致知」補傳，晚明的《四書》學者更是認為是多餘的，有些甚至只在其「格物致知」補傳文末題「不必補」三字。[15]張岱在《四書遇》中亦云：

> 以「古之欲明明德」直接在「止於至善」之下，直截痛快，不必更為補傳。[16]

晚明學者除了反對朱子的《大學》改本，主張恢復古本外，有些學者甚至自己改訂〈大學〉，例如，豐坊的《偽石經大學》、王道的《大學億》、李才的《大學約言》、管志道的《重訂古本大學章句》、顧憲成的《重定大學》等等造成一股風潮。[17]

（二）關於內容註解方面：
　　晚明學者對朱子《四書集註》的詮釋方式、內容與字義的訓詁亦表不滿。首先李卓吾的《四書評》便打破了朱

---

[14] 同上註，頁 8。
[15] 例如，李卓吾的《四書評》、張汝英的《四書參》等。
[16] 見張岱：《四書遇》，頁 10。
[17] 見李紀祥：《兩宋以來大學改本之研究》，頁 85-222。

子學獨斷之局面，批判了當時的學術氛圍。[18]其在解「此謂知本，此謂知之至也」時云：

> 朱文公既曰「明德」為本，「新民」為末，則第一章釋「明明德」，第二章釋「新民」，是「本末」已釋過了，何必又釋「本末」？無乃眉下添眉耶？況三綱領、八條目有傳，而「本末」二字不過經文中字眼，何必有傳？若「本末」有傳，「終始」、「先後」亦當有傳耶？都不可解。還是此篇釋「格致」耳。「大畏民志」，「使之無訟」，正是「格物」處。「物格而後知至」，故以「此謂知本，此謂知之至也」結之。文字明明白白，人自看不到耳。[19]

這裡明白指出朱註解「本末」之不當。又如《論語·顏淵·崇德》章，關於「誠不以富，亦祇以異」這二句的引文，朱熹引程頤之言而註曰：「程子曰：『此錯簡也，當在第十六篇齊景公有馬千駟之上，因此下文亦有齊景公字而誤

---

[18] 其《四書評》序即云：「善道理有正言之不解，反言之而解者，有詳言之不解，略言之而解者。世之案頭講章之所以可恨者，正為講之詳、講之盡耳。」

[19] 見李贄：《四書評》（上海：上海人民出版社，1975年5月），頁4。

也。』」,[20]《四書評》在此節則評曰:

> 就在此處,有何不好,引來證其意耳,何必字字明
> 白。宋儒解書,病在太明白。[21]

這評語正呼應了其序文中對「講章」之反感,同時也表現
出李卓吾對朱子學注疏繁瑣的不滿。又如周汝登《四書宗
旨》闡釋《論語・雍也・質勝》章,[22]時說:

> 心粗鄙則質勝文而野;心浮誇則文勝質而史。心體
> 中和,自然文質相稱而德成,一切本於心。《註》
> 中「損有餘,補不足」全不知本,不知如何損、如
> 何補也?

周汝登認為這一章主要是指出吾人心體若能善加修養,保
持中和的狀態,自然能文質配合得宜,呈顯出良好的德性。
因此要成就一切良好德性,根本在於心靈的修養。周汝登
批評此章朱注所謂「學者當損有餘,補不足,至於成德,
則不期然而然矣。」的說法完全不知德性修養的根本所在,

---

[20] 見朱熹撰《四書集註》之〈大學章句〉(台北:文史哲出版社,
1981 年 12 月)頁 136。
[21] 李贄:《四書評》,頁 104。
[22] 子曰:「質勝文則野,文勝質則史。文質彬彬,然後君子。」

怎知該由何處去「損」、「補」？又如焦竑《焦氏四書講錄》
闡釋《中庸》「萬物並育」一節[23]時說：

> 不害與並育；不悖與並行，是一串的事。晦庵子分
> 不害、不悖屬小德；並育、並行屬大德，誤矣！

除此之外，甚至有人著書專門來討論朱子《四書集註》之
缺失，例如高拱的《問辨錄》，就是專為批判朱註而作。[24]而
張岱在詮釋《四書》時對朱註亦是多所不滿，其例有：

1. 補朱註之未明者：如《中庸·無憂》章，《四書遇》云：

> 本文既曰：「三年之喪，達於天子矣，」又曰：「父
> 母之喪，無貴賤一也」，不幾重複乎？三年之喪，不
> 獨父母也。適孫為祖，為長子，為妻，天子達於庶
> 人，一也。周穆后崩，太子壽卒，叔向曰：「王一歲
> 而有三年之喪二焉，」故復曰；「父母之喪，無貴賤

---

[23] 「萬物並育而不相害；道並行而不相悖。小德川流；大德敦化。
此天地之所以為大也。」

[24] 《四庫全書總目提要》即云：「此編取朱子《四書章句集註》疑
義，逐條辨駁。」見（清）紀昀等著：《四庫全書·總目提要》
（台北：藝文印書館，1987 年），經部，四書類，頁 746。

一也。」此段朱註未明，予特拈出以示學者。[25]

2. 斷句與朱註不同者：如《論語‧八佾‧文獻》章，《四書遇》云：

> 《禮運》孔子曰：「我欲觀夏道，是故之杞，而不足徵也，吾得夏時焉。我欲觀殷道，是故之宋，而不足徵也，吾得《坤》《乾》焉。讀此知《論語》「夏禮吾能言，之杞不足徵也；殷禮吾能言，之宋不足徵也。」[26]

3. 見解與朱註不同者：如《論語‧公冶長‧忠信》章，《四書遇》云：

> 皋、夔、稷，尚有何書可讀？君子威重之學，亦以主忠信為本，而朱子以美質繹忠信，抹殺古今學脈矣，異日夫子稱回之好學，曰：「不遷怒，不貳過。」則夫子所謂「丘之好學」，亦豈讀書看文章之謂哉？

---

[25] 見張岱：《四書遇》，頁 43。
[26] 見張岱：《四書遇》，頁 103。按此段原文朱熹的斷句為「夏禮吾能言之，杞不足徵也；殷禮吾能言之，宋不足徵也。」兩「之」屬上，而張岱則據《禮紀‧禮運》的經文，將兩「之」字的斷句屬下。

27

又《論語・述而・互鄉》章注文引周海門之言曰:「此章原
無錯簡,亦無闕文。朱註改之,未是。「互鄉」八字為句,
言此鄉有一難與言之童子,非一鄉皆難於言也,此漢疏,
宜從。「唯何甚,」言怪見此童子,惡惡抑何甚乎?舊說宜
從。」[28]甚至對宋儒自豪的道脈之說,張岱認為「傳道之
說,宋儒倣禪家衣鉢而為之,孔門無此也。曾子隨事用功,
子夏泥於多學,故語以『一貫』。若云秘傳,何不以語顏子?
若曰道慎其所接,子夏之後,何以流為莊周?根性各別,
道體無方。『忠恕』二字,亦舉己所得力及門人所易曉。向
來認作機鋒,近來紛紛執眷,皆屬邊見。」[29]

　　關於晚明「新四書學」對朱註形式與內容不滿的例子,
可說是不勝枚舉。這可說是晚明「新四書學」,在註解《四
書》時的一種基本傾向。

(三)關於義理方面:

　　朱子《四書》學的特色乃是將其理學見解融入於《四
書》當中,將《四書》理學化,而納入於自己的思想體系
當中,並藉著《四書》的流行,影響後來的知識份子。等

27　見張岱:《四書遇》,頁 148。
28　見張岱:《四書遇》,頁 186。
29　見張岱:《四書遇》之《論語・里仁・一貫》章注文,頁 124。

到王學興起，提出「心即理」與朱子的「性即理」相抗衡時，自然要對已遭朱子理學化的《四書》做一番改造的工夫。首先陽明即以其心學內涵重新詮釋《大學》而成《大學問》一書，後起之陽明派學者更是繼承了陽明的路線，以「陽明心學」取代「程朱理學」做為註解《四書》時的思想基礎，並引陽明學說作為自己講論的依據。[30]如葛寅亮《四書湖南講》詮釋《論語‧雍也》[31]中顏子之樂時說：

> 陽明子謂「樂是心之本體」，…顏子不以人情之憂奪所樂，其於本體亦庶幾矣！

陽明「樂是心之本體」一語出自王陽明《傳習錄》卷中〈答陸原靜書〉，葛氏引述於此，用以說明顏回不因生活處境困苦而憂，乃是因為顏回能以「樂」為己心之本體，常保有一顆本然的、超越的、恬適的心體，所以能時時處於樂境。又如《四書薀益解‧中庸直指》「博學之，審問之，慎思之，明辨之，篤行之。」條，智旭引錄陽明的話說：

> 王陽明曰：問、思、辨、行，皆所以為學，未有學

---

[30] 關於陽明心學影響晚明《四書》著作的詳細情形可參看吳伯曜：〈陽明心學對晚明四書學的影響〉，《湖南大學學報》第20卷第2期（2006年3月），頁30－37。

[31] 《論語‧雍也》子曰：「賢哉，回也！一簞食，一瓢飲，在陋巷，人不堪其憂，回也不改其樂。賢哉，回也！」

而不行者也。如言學孝，則必服勞奉養，躬行孝道，然後謂之學，豈徒懸空口耳講說乎？學射，則必張弓挾矢，引滿中的；學書，則必伸紙執筆，操觚染翰。盡天下之學，無有不行而可以言學者，則學之始，固已即是行矣。篤者，敦實篤厚之意；已行矣，而敦篤其行，不息其功之謂耳。蓋學之不能無疑，則有問；問即學也，即行也。又不能無疑，則有思；思即學也，即行也。又不能無疑，則有辨；辨即學也，即行也。辨既明矣，思既慎矣，問既審矣，學既能矣，又從而不息其功焉，斯之謂篤行，非謂學、問、思、辨之後，始措之於行也。

此處智旭所引錄的陽明論述，出自《傳習錄》卷中，〈答顧東橋書〉。陽明的這一段話指出「學」即是「行」，此一觀點實際上就是陽明的「知行合一」論。而張岱在詮釋《四書》時，更是以陽明心學為思想基礎，《四書遇》中處處呈現「心即理」、「知行合一」、「致良知」的詮釋觀點。如《論語・子罕・鄙夫》章[32]朱子在詮釋時，有兩點特徵：一是所謂「無知」是孔子為了讓人親近，自己降低身份所說的話；二謂「空空」是指出鄙夫的狀態。但是對「無知」的解釋，

---

[32] 子曰：「吾有知乎哉？無知也。有鄙夫問於我，空空如也。我叩其兩端而竭焉。」

王陽明則以為：

> 問：「先儒曰：『聖人之道，必降而自卑。賢人之言，
> 則引而自高。』如何？」先生曰：『不然。如此卻乃
> 偽也。聖人如天，無往而非天。三光之上，天也；
> 九地之下，亦天也。天何嘗有降而自卑？此所謂大
> 而化之也。』」[33]

對於「空空」陽明曰：

> 孔子有鄙夫來問，未嘗先有知識以應之，其心只空
> 空而已；但叩他自知的是非兩端，與之一剖決，鄙
> 夫之心便已了然。鄙夫自知的是非，便是他本來天
> 則，雖聖人聰明，如何可與增減得一毫？他只不能
> 自信，夫子與之一剖決，便已竭盡無餘了。若夫子
> 與鄙夫言時，留得些子知識在，便是不能竭他的良
> 知，道體即有二了。[34]

關於此章的詮釋，張岱直承陽明對「空空」的解釋「其心
只空空而已」的「良知」意涵而加以引申為：

---

[33] 見《傳習錄‧卷上‧陸澄錄》【７４】
[34] 見《傳習錄‧卷下‧門人黃省曾錄》【２９５】。

鏡無相而相現，江無影而月來，風入竅而于喁，鍾
受擊而響徹，全體無，故全體有也。隨問隨叩，叩
不由我，隨叩隨竭，我亦不留，「吾有知乎哉？無知
也。」[35]

因此，順著這個理路，張岱在詮釋《四書》時，就常出現
此「致良知」的思想。如他解《論語・衛靈公・求己》章：
「子曰：『君子求諸己，小人求諸人。』」時，引陽明之語
曰：

君子之學，務求在己而已。毀譽榮辱之來，非獨不
以動其心，且資之以為切磋砥礪之地，故君子無入
而不自得，正以其無入而非學也。若夫聞譽而喜，
聞毀而戚，則將皇皇於外，惟日之不足矣，其何以
為君子？[36]

又《論語・子罕・知者》章：「子曰：『知者不惑，仁者不
憂，勇者不懼。』」時說：

---

[35] 見張岱：《四書遇》，頁 211。
[36] 見張岱：《四書遇》，頁 317。

「惑」「憂」「懼」三字皆從心。人知慕智、仁、勇之名，而不知本於心，故夫子特為拈出，其實「不惑」、「不憂」、「不懼」，總之一不動心也。名雖三分，心則合一。[37]

這裡指出「良知之心」本具「智、仁、勇」三德，「名雖三分，心則合一」。而這些本具之德則須努力去恢復、擴充才能成聖，他說：

「德」字、「慝」字、「惑」字皆從心。一心去先事，則「德」日起；專心去徐惡，則「慝」日消；耐心去懲忿，則「惑」日解。大抵聖賢教人，只在心上做工夫，不在外邊討求。[38]

除了致本身之良知外，尚須「致吾心之良知於事事物物也」，他說：

言行從忠信篤敬流出，忠信篤敬不依言行而有，故參前倚衡，刻刻皆然？處處皆見，此是自然本體功夫。必如此，纔與天下，可不言而喻，故曰「夫然

---

[37] 見張岱：《四書遇》，頁 224。
[38] 見張岱：《四書遇·論語·顏淵·舞雩》章註文，頁 265。

後行」。[39]

而這「致良知」的工夫是「不可少有間斷」。[40]從整部《四書遇》來看，張岱即以此心學立場來貫徹對《四書》的詮釋。如同今人黃俊傑先生所說「張岱接受明末王學中的『心』的概念，認為『心』與『理』同質，又能創生世界萬物。張岱採取這個基本立場來重新解釋《四書》。」[41]

三、自由解釋大興，充滿著自由學風與解放精神

　　陽明心學盛行後，使得傳統社會的思想教條一一被重新檢視和定義，人們不再盲目的遵循既有的規範，開始以自己的想法去詮釋舊有的觀念，主張聖凡平等，肯定人們

---

[39] 見張岱：《四書遇·論語·衛靈公·問行》章註文，頁310。
[40] 見張岱：《四書遇·孟子·盡心下·山徑》章註文，頁565。

[41] 見黃俊傑：〈張岱對古典儒學的解釋—以《四書遇》為中心〉，中央大學共同學科主編：《明清之際中國文化的轉變與延續研討會論文集》（台北：文史哲出版社 1991 年），頁342。

的物欲，提倡率性而為，宣揚個性的自由解放。《四書》學在這樣的思想氛圍下，亦擺脫了朱註的藩籬而呈現百家爭鳴，自由解釋大興的狀況。首先李卓吾的《四書評》擺脫了傳統訓詁的詮釋方式，書名不稱作「注、疏、解、詁、訓、釋」之類傳統的名稱而用「評」，這顯示了他要站在平等自由的地位，對經典加以品評。通過自己的裁量來詮釋經典，而不是一味崇奉遵循前人的註解。其在《四書評》序云：

> 千古善讀書者，陶淵明一人而已。何以？以其「好讀書不求甚解」也。夫讀書解可也，即甚解亦無不可者，只不可求耳。善道理有正言之不解，反言之而解者；有詳言之不解，略言之而解者。世之案頭講章之所以可恨者，正為講之詳、講之盡耳。

在此，李卓吾認為陶淵明之所以善讀書是因其讀書重視心領神會。這種強調以己心詮釋經典而鄙薄文字訓詁，重視經典真精神的詮釋方式，呈現了一種新的經典詮釋的方法與面貌。[42]《四書評》解經的方式相當活潑自由，書中常出現簡潔的評語，諸如「不必補」、「絕妙文字」、「口訣」、「直

---

[42] 《四書評》問世之後，接著就產生了大量以「參」、「眼評」、「點睛」、「遇」、「管窺」、「千百年眼」等等字眼為書名的四書新著。

截」、「真、真」「好贊法」、「畫」等有力的用語；亦常出現
日常生活化的口語，諸如：「扯淡」、「妙」、「狠」、「痛快」、
「爽明」……等俗語，這與傳統的經典註疏、訓詁兩相對
照之下有極大的不同，並意味著經典的權威性遭受挑戰。
除此之外，《四書評》也重視經典中的文學用語，常針對《四
書》的文章結構與用字加以讚嘆，如其云：「絕妙文字，轉
換過接，無跡可尋，後人所不能及也」、「天地間有如此文
字，曰識，曰才，曰膽，都有」、「絕世奇文」、「文品亦高
古」、「文法錯綜妙甚」等等。《四書評》重視經典的文學性，
與傳統重視經典中的微言大義者立異，這亦是《四書評》
突破傳統詮釋方法之一。[43]張岱的《四書遇》亦受到這種時
代風氣的影響，其在詮釋經典時，就表現了形式自由、內
容多樣的風貌。張岱在詮釋《四書》時即強調本心的主體
性，透過個人的研讀理解與生命體悟來詮釋經文。張岱對
於其讀書解經的態度有這麼一段話：「凡看經書，未嘗敢以
各家註疏橫據胸中。正襟危坐，朗誦白文數十餘過，其意
義忽然有省。」整部《四書遇》就是張岱通過對經書的熟
讀精思與生命體悟來加以詮釋的。他說：「蓋道理要自己理

---

[43] 經筆者研究後，將《四書評》的詮釋方式概括分為：（1）根據
個人的研讀理解與生命體悟；（2）把經書當成小說一般評點；
（3）反諷；（4）將經典視為文學作品加以評點；（5）充滿個
人感慨富有個人特色；（6）雜引佛老為釋；（7）以日常生活化
之口語詮釋等七項特色。

會出來，方有無窮妙處，若自己未曾見得到那地位，教者就容易與他說盡，則我自說我的，與學者有何干涉？」[44]這種說法就是強調要以個人的主體，去詮釋經典的精神，張岱這種「以己心解經」不受傳統註疏影響的解脫精神，反映在其《四書遇》時，就呈現出形式自由與內容豐富多樣的面貌，成為晚明「新四書學」中的典型作品。我們茲從形式與內容兩方面來看，張岱是如何通過自心的體悟，來活潑呈現經典的義理呢？

　　就形式上來說，首先便是書名與訓解方式的解放。張岱詮釋《四書》的作品書名用「遇」這個字就前所未見。他解釋「遇」的涵意說：

> 蓋遇之云者，謂不於其家，不於其寓，直於途次之中邂逅遇之也。古人見道旁蛇鬥而悟草書，見公孫大娘舞劍器而筆法大進。蓋有以遇之也。古人精思靜悟，鑽研已久，而石火電光，忽然灼露，其機神攝合，政不知從何處著想也。

這種對「遇」字的解釋，就如禪宗參禪著重在「悟」一般，都強調主體精神的超脫與領悟，因此《四書遇》的體裁便不遵循傳統的章句訓詁方式，而採用如禪宗語錄一般的語

---

[44] 見張岱：《四書遇》之《孟子‧盡心上‧躍如》章注文，頁554。

錄體,隨時隨地逐條將他「精思靜悟,鑽研已久」的心得用來詮釋《四書》。其次張岱在詮釋《四書》時,也常出現不拘形式的灑脫精神,如有些經文他不作解釋而要讀者:「細讀白文,自明邦君從何地出現。」[45]有些經文的詮釋則採用問答體的形式,自問自答。如解《論語・述而・燕居》章[46]云:「或問『孔子燕居,何以申申夭夭』?余曰:『空山無人,水流花開。』」[47]。這樣的形式與明初「述朱」的《四書》學作品可說是天壤之別。

另外就內容上來說,由於不「先立成見」,通過自己的體悟,詮釋經典中的道理,或使經文明白易曉,或別有新解創見,或寄託胸懷,充分彰顯帶有個人色彩的風貌。我們從《四書遇》多樣貌的解經方式與內容上都可看出這種傾向,如:

(一)以小說詮釋經文:如

> 讀《三國演義》,恨得董卓、曹操。凡事類董卓、曹操者,我一件斷然不為,則董卓、曹操便是我師。[48]

---

[45] 見張岱:《四書遇》之《論語・學而・聞政》章注文,頁 75。
[46] 經文為:「子之燕居,申申如也,夭夭如也。」
[47] 見張岱:《四書遇》,頁 170。
[48] 見張岱:《四書遇》,頁 181。

> 子見南子，妙在子路一怒，則聖賢循禮蹈義家風，
> 神氣倍振。如讀《水滸傳》黑旋風斫倒杏黃旗，則
> 梁山忠義，倍覺肅然。[49]

這裡拿《三國演義》中的曹操、董卓的事跡解《論語・述
而・三人》章：「三人行必有我師焉」與拿《水滸傳》中黑
旋風李逵的忠義解《論語・雍也・南子》章「子見南子，
子路不悅」的精神，可說是別出心裁。

（二）引俗諺詮釋經文：如

> 諺曰「讀書至老，一問便倒。」其亦所謂井不泉而
> 鐘不聲者與！[50]

《四書遇》中常出現當時的俗諺、俗語詮釋經文，使得經
典不再是高高在上，深奧難懂的講章，這種詮釋法使得經
典更加通俗化，更容易為中下階層民眾接受而擴大讀者群。

（三）引事理為詮釋經文：如

---

[49] 見張岱：《四書遇》，頁 166。
[50] 見張岱：《四書遇》，頁 89。

今之醉酒者，見城門則以為臥榻，見川瀆則以為溝
澮。夫門與瀆猶是，而榻之、溝之者，酒之力也。
一旦醒解，而漸失其故矣。申棖之剛，是羣天下為
酒人也。兩人鬥毆，理虧者，恁他高聲，畢竟勉強。
可見無理自然雄壯不來。聖門勇如子路，而夫子尚
曰「不見剛」，則此「剛」之品關繫甚大，申棖如何
當得來？「棖也慾」句，只是為申棖解耳。其實聖
人思剛，自有深意在。[51]

由於張岱研讀四書的方式為「朗誦白文數十餘過，其意義
忽然有省」，於是深入淺出將這「精思靜悟，鑽研已久」的
道理通過類比的手法，詮釋經典中的道理，使經文明白易
曉，幫助讀者對經典意義的掌握與理解。

（四）注文寄託感慨與志向：如

周介生曰：以一死塞責者，皆可奪者也。死而無濟，
一自了漢。事之不成，以臣頭為殉，直一鼠首耳，
何益於國家社稷？「不可奪」，有措天下於磐石之
安，屹然不動手段。[52]

---

[51] 見張岱：《四書遇》，頁 138。
[52] 見張岱：《四書遇》，頁 195。

這裡表明了明朝滅亡，張岱不以身殉的委屈胸懷。其在詮
釋《四書》時書中常常寄託自己的志向與感概，如「更尋
何人仔肩宇宙？」[53]「他人息，吾則不敢息，他人休，吾則
不敢休。寧戚力學三十年，而為王者師。」[54]「知我其天，
參契幽微，感概至深，不向人間索知已矣。」[55]這種詮釋表
現了極強的個人風格與色彩。

（五）感嘆時政：如

> 盧玉谿曰：臣曰「一个」，是挺然獨立而無朋黨之謂，
> 此解深切時務。[56]

張岱對晚明東林黨爭一事有其獨特的見解，他在《與李硯
翁》一文中認為：「弟《石匱》一書，泚筆四十餘載。心如
止水秦銅，並不自立意見。……而中有大老，言此書雖確，
恨不擁戴東林，恐不合時宜。弟聞斯言，心殊不服，特向
知己辨之。夫東林自顧涇陽講學以來，以此名目，禍我國
家者八九十年，以其黨升沉，用占世數興敗。其黨盛，則

---

[53] 見張岱：《四書遇》，頁 196。
[54] 見張岱：《四書遇》，頁 203。
[55] 見張岱：《四書遇》，頁 152。
[56] 見張岱：《四書遇》，頁 15。

為終南之捷徑；其黨敗，則為元祐之黨碑。風波水火，龍
戰於野，其血玄黃，朋黨之禍，與國家相為始終。……」[57]
因此在詮釋《四書》時，也將其對時局的看法融入註文之
中。如：

> 剌虎不斃，斷蛇不死，其傷人愈多。君子之遇小人，
> 政不可不慎。近日楊左之御魏璫，是其鑒也。[58]

這種詮釋法就如個人的政見發表會一般，寄託自己對時事
的看法，並可藉由書本的刊行宣揚自己的理念。

（六）有時把經典當禪宗公案一般參究：如《四書遇‧大
學‧聽訟》章

> 問「知本」如何？將聽訟來說，豈先新民而後知本
> 乎？非也。此是粘出一段話頭，令人默想宗本。且
> 如「無情」之人，不畏法，不畏議，如何使得「大
> 畏」，「不得盡其詞」？此處正是「東邊日出西邊雨，
> 說道無情又有情。」參破此地，自透宗本，千蹊萬
> 逕，攝歸一處，何物礙心？此謂物格，此謂知之至

---

[57] 見張岱著‧夏咸淳校點：《張岱詩文集》（上海：上海古籍出版
　　社，1985 年），頁 233。
[58] 見張岱：《四書遇》，頁 199。

也。

從上述幾點引文來看，其注經的形式與內容已完全擺脫明初以來呆版的解經方式，自由活潑彰顯了帶有個人色彩的經學作品。這種風氣是與當時的性靈文學風氣相呼應的。張岱這種活潑的詮釋方式與內容，可說是晚明學者中的一個典型例子，充分展現明末新《四書》學自由解釋的學風。

　　總而言之，這種自由解釋的學風與獨立解脫的精神，反映在《四書》學上的面貌，除了版本的任意更改，註解方式的解放，最主要的還是內容的多樣性，因為大家都強調以己心解經，然而每個人對心學的理解卻又未必一樣，因而造成了各種性格的《四書》學作品了。[59]有些著作是「特自抒其一人之見」、「依大學古本次序，採輯眾說，加以己意而疏解之。」；有些著作則是「頗近於禪」、「殆似宗門

[59] 我們從《四庫全書‧總目提要》中，就可窺探當時之學術風氣如《四庫全書‧總目提要》：「《論語商》二卷，明周宗建撰，……其學則沿姚江之末派，乃頗近於禪。如云人心之樂，非情非趣、非思非為；虛中之影、水中之相。如斯之類，殆似宗門語錄。」又如：「《大學管窺》一卷，明廖紀撰，……（是書）其後依大學古本次序，採輯眾說，加以己意而疏解之。」又如：「《大學千慮》一卷，明穆孔暉撰，……其書就章句或問，引伸其說，中引佛遺教經，以為儒釋一本。」詳見（清）紀昀等著：《四庫全書‧總目提要》，經部，四書類存目，頁763-773。

語錄」、「引佛遺教經,以為儒釋一本」;有些則是「專為明末時事而發」、「雜引史事,以相發明」;更有「務與程朱牴牾,可謂敢為異說者矣」,甚至夾雜陰陽五行觀念「凡四書所言皆以五行八卦配合之」者,[60]呈現晚明《四書》學多樣貌的色彩。

四、呈現三教合流之傾向

在晚明《四書》學各種的風貌中,三教合流乃至以禪解經的傾向是晚明「新四書學」數量最多也是最主要的面貌。[61]這些著作成書之年代約為萬曆前後,其作者也大多是陽明心學的繼承者。這些作品大致可分成兩類:一類作品呈現三教合流之傾向,另一類作品則完全是以佛解經,茲分述於下:

(一) 著作呈現三教合流之傾向:

這些作品的產生主要是受時代風氣所影響,或是認同三教合一的觀念而在注文中雜引佛、老。其著作主要思想

---

[60] 詳見筆者:《四書蕅益解研究》,頁 70-72 所引諸條。
[61] 這些著作詳見筆者:《四書蕅益解研究》,頁 73-74 所錄。

仍是以「陽明心學」為核心，其援佛或老莊入儒的地方，多半止於詞彙的引用、行為的比擬、觀念的託付或表面文意之比附，較少涉及義理層次。其呈現的面貌有：

1. 詞彙、典故、經文、語錄的引用：此項出現甚多，許多的作者都受到時代的薰習，而在其著作中自然就夾雜著佛、道之語，或三教並論。如：《論語‧憲問》：「子曰：『莫我知也夫！』子貢曰：『何為其莫知子也？』子曰：『不怨天、不尤人，下學而上達，知我者其天乎！』」《四書評》曰：「不做誑語。」「誑語」乃佛家名詞，此處只是用來形容孔子的話是真實的罷了。像這種詞彙的引用在晚明的《四書》學著作中，是時常出現的。在《四書遇》中這樣的例子是不勝枚舉的如：「得月忘指」、「地獄不空，誓不成佛」、「邊見」、「積業深重」等等。有時則舉佛經之經文、典故或禪師之語錄以作詮釋，如《論語‧里仁‧志仁》章：「子曰：『苟志於仁矣，無惡也。』」《四書遇》云：

> 雪庵上人曰：「一源既澄，萬流皆清。揭起慧燈，千巖不夜。孔門志仁無惡，其旨如此。塵魔作祟，皆緣主人神不守舍。念之，念之。」[62]

---

[62] 見張岱：《四書遇》，頁118。

這裡引用禪師的語錄為注。又如《論語·學而·貧富》章，《四書遇》註曰：「嘗言志學章，非夫子能進，乃夫子能舍。學問時時進，便時時舍。天龍截却一指，痛處即是悟處。禪學在掃，聖學在脫，總一機鋒。」[63] 這裡則並論儒、釋之修養功夫都是一致的。

2. 行為的比擬：例如，《論語·憲問·方人章》：「子貢方人。子曰：『賜也賢哉乎？夫我則不暇。』」李卓吾則評曰：「好棒喝。」又《論語·公冶長》：「子謂子貢曰：『女與回也孰愈？』對曰：『賜也何敢望回？回也聞一知十，賜也聞一以知二。』子曰：『弗如也，吾與女弗如也。』」李卓吾則評曰：「夫子造就子貢處，大有禪機。」這裡很顯然地李卓吾是把孔子對子貢的教化比成當頭棒喝的禪師。這種例子在《四書遇》中也是不勝枚舉，如《論語·學而·三省》章：「曾子曰：『吾日三省吾身：為人謀而不忠乎？與朋友交而不信乎？傳不習乎？』」《四書遇》云：

> 昔有禪師常日喚主人公「惺惺否？」自答曰「惺惺。」此即是日省之意。三「乎」字是細細問心之詞，故曰「三省」。[64]

---

[63] 見張岱：《四書遇》，頁 79。
[64] 見張岱：《四書遇》，頁 71。

此把佛家之參禪功夫用來類比儒家的三省功夫。又《論語‧雍也‧三月》章：「子曰：「回也，其心三月不違仁。其餘則月至焉而已矣。」」《四書遇》：

> 昔有祖師言：「四十年打成一片，」「不違仁，」打成一片也。又有云：「他人為十二時辰使，我使得十二時辰」曰「月至焉，」猶被時辰使也。[65]

這裡則把禪宗的修行功夫比擬為儒家的「不違仁」。

3. 文意之相比附或引以為註：例如《論語‧子罕‧川上》章：「子在川上曰：『逝者如斯夫！不捨晝夜。』」《四書評》曰：「亦動人不捨也。與道家『流水不腐』之與同。」又如〈中庸‧誠明〉章《四書遇》注曰：

> 天命之謂「性」，脩道之謂「教」，異名只是同源。「自誠明謂之性，自明誠謂之教」，兩路總歸一路。《楞嚴經》上說「性覺妙明，本覺明妙」松山註云：「即寂而照曰妙明；即照而寂曰明妙。」即此意也。[66]

---

[65] 見張岱：《四書遇》，頁153。
[66] 見張岱：《四書遇》，頁49。

這裡就把中庸的「自誠明謂之性，自明誠謂之教」與《楞嚴經》的「性覺妙明，本覺明妙」相比附。又如《論語·為政·誨知》章：子曰：「由！誨女，知之乎！知之為知之，不知為不知，是知也。」《四書遇》：

> 知之為知之，不知為不知，」息息不昧，千古長存。禪家謂之孤明，吾儒指為獨體。既不倚靠聞見，亦不假借思維。當下即照，更無轉念，故曰「是知。」[67]

此處則把「禪家謂之孤明」比喻為儒家的「獨體」。有時則直引佛、道之言以為注，如《論語·為政·不器》章「子曰：『君子不器。』」則直引「老子曰：『朴散則為器，聖人用之，則為官長，故大制不割』」來注。這種文意的比附有時相輔相成，有時則偏離孔子之意而顯的牽強附會，例如《四書遇》云：

> 夫子自言「無可無不可」，與此旨同。劉元城曰孔子佛氏之言，相為表裡。孔子之言「毋意，毋必，毋固，毋我」，而佛言「無我，無人，無眾生，無壽者」

---

[67] 見張岱：《四書遇》，頁 92。

其言若出一人。[68]

這裡以佛教的「無我」比附在孔子的「毋我」，俱取其表面文意，忽略兩者之根本差異：佛教之「無我」乃在捨離世界的脈絡中言之；孔子之「毋我」，乃是在個體的「小我」融入群體的「大我」的脈絡中，而使「小我」的意義在「大我」生命的綿延之中彰顯，兩者的意義是不可混為一談。

從上舉諸例來看，近人馬一浮在《四書遇題記》中便說：「明人說經，大似禪家舉公案，張宗子亦同此脈。卷中時有雋語，雖未必得旨，亦自可喜，勝於碎義逃難，味同嚼蠟者遠矣。」[69]

（二）以佛解經：

這種作品的形成，乃是刻意將三教合一乃至儒佛融合的理論落實在其著作裏，其所用的方法乃是完全以禪為思想中心來融合儒、道之思想，將三教合一論的主張，從義理會通方面落實到《四書》學裡，其作品有：方時化的《中庸點綴》、萬尚烈的《四書測》、朱斯行的《四書小參》、陸鴻漸的《空山擊碎》、釋德清的《大學決疑》《中庸直指》、釋智旭的《四書蕅益解》等等。例如憨山德清在《中庸直

---

[68] 見張岱：《四書遇》，頁208。
[69] 見張岱：《四書遇》，卷首。

指》中即這樣解釋「中庸」二字：

> 中者，人人本性之全體也。此性，天地以之建立，
> 萬物以之化理，聖凡同稟，廣大精微，獨一無二，
> 所謂惟精惟一，大中至正，無一物出此性外者。故
> 云中也。庸者，平常也。乃性德之用也。謂此廣大
> 之性，全體化做萬物之靈，即在人道日用平常之間，
> 無一事一法不從性中流出者。故吾人日用行事之
> 間，皆是性之全體大用顯明昭著處，以全中在庸，
> 即庸全中，非離庸外別有中也。

這裡憨山德清把「中」解釋成聖凡同稟，人人本俱的「性
體」天地萬物皆從此建立；「庸」解釋成「性德之用」，即
吾人日常施為，應機接物之妙德。簡而言之，即是以「自
性本體」解「中庸」二字，「中」表佛性之體、「庸」表自
性本體之用，如《六祖壇經・定慧》品云：「定慧一體不是
二。定是慧體，慧是定用；即慧之時定在慧，即定之時慧
在定。」憨山德清即是以「自性本體」為中心思想來容攝
儒、道兩家的思想。這種現象到了蕅益智旭時，表現的更
為徹底，他不用儒家與道家的思想，而純以佛理來解《四
書》。其《四書蕅益解》成書的最大動機與目的即是「以佛
入儒，務誘儒以知禪」，「俾儒者道脈同歸佛海」。其注《大
學》云：

43

> 大者，當體得名，常遍為義，即指吾人現前一念之
> 心，心外更無一物可得。無可對待，故名當體；此
> 心前際無始，後際無終，生而無生，死而不死，故
> 名為常；此心包容一切家國天下，無所不在，無有
> 分劑方隅，故名為遍。學者覺也，自覺覺他，覺行
> 圓滿，故名大學。大字即標本覺之體，學字即彰始
> 覺之功。本覺是性，始覺是修，稱性修，全修在性，
> 性修不二，故稱大學。[70]

這段文字，涵蓋了整部〈大學直指〉的意趣。由此可看出
貫穿整部〈大學直指〉的中心思想即其所謂「現前一念心」，
此心包容一切家國天下，無所不在，無有分際方隅。蕅益
智旭即以此「現前一念心」作為其註解《四書》時的中心
思想，逐步地把《四書》佛化。「大學之道」，即成為「大
覺之道」，而〈大學直指〉的宗旨，也就即著這個成就究竟
大覺的過程來鋪陳發揮，換言之，〈大學直指〉乃是就著〈大
學〉這部儒家的典籍，來開示「成佛的大道」。如他在詮
釋《大學》三綱領時就這麼說：

> 道者，從因趨果所歷之路也。只一在明明德，便說

---

[70] 見蕅益大師原著，江謙補註：《四書蕅益解補註》，頁 7。

盡大學之道。上明字,是始覺之修;下明德二字,
是本覺之性。性中本具三義,名之為德。謂現前一
念靈知洞徹,而未嘗有形,即般若德;現前一念雖
非形像而具諸妙用,舉凡家國天下,皆是此心中所
現物,舉凡修齊治平,皆是此心中所具事,即解脫
德。又復現前一念,莫知其鄉而不無,位天育物而
非有,不可以有無思,不可以凡聖異,平等不增不
減,即法身德。我心既爾,民心亦然,度自性之眾
生,名為親民。成自性之佛道,名止至善。親民、
至善,只是明明德之極致。恐人不了,一一拈出,
不可說為三綱領也。[71]

「明」明德為「始覺之修」,「明德」為本覺之性;「度自性
之眾生,名為親民」,「成自性之佛道名止至善」。而所謂「格
物」為「作唯心識觀」,「致知」為「轉第六識為妙觀察智」。
[72]這即是以佛法的概念意涵詮釋儒典的基本觀念,將儒家思
想的主幹改為佛家之意涵,然後順此解釋轉變為佛教的思
想體系,於是儒家「內聖外王」的《大學》便成為佛教修
行成佛的寶典了。又如《論語·為政·志學》章:「子曰:
『吾十有五而志於學,三十而立,四十而不惑,五十而知

---

[71] 同上註,頁7-8。
[72] 詳見拙著:《四書蕅益解研究》(台北:東吳大學,1996年6
月),頁127-128。

天命，六十而耳順，七十而從心所欲不踰矩。』」蕅益智旭
就這麼詮釋孔子一生的為學歷程：

> 只一學字到底。學者，覺也。念念背塵合覺，謂之志。
> 覺不被迷情所動，謂之立。覺能破微細疑網謂之不
> 惑。覺能透真、妄關頭，謂之知天命。覺六根皆如來
> 藏，謂之耳順。覺六識皆如來藏，謂之從心所欲不踰
> 矩。此是得心自在。若欲得法自在，須至八十九十，
> 始可幾之。故云：若聖與仁，則吾豈敢，此孔子之真
> 語實語。若做謙詞解釋，冤卻大聖一生苦心。反聞聞
> 自性。初須入流亡所。名之為逆。逆極而順，故名耳
> 順。即聞所聞盡，方得耳門圓照三昧也。[73]

此處以佛法修行工夫融入《論語》之中，將禪宗之修行工
夫與《楞嚴經》之觀音菩薩耳根圓通法門來比擬孔子一生
的為學境界。並認為孔子是一位到達了「心自在」的禪師，
而其為學過程則是一連串覺悟成佛的過程。除了修行的比
擬之外，許多儒家之基本概念，到了《四書蕅益解》時，
更轉變成佛教的觀念或修養方法。例如《大學》：「所謂誠
其意者，毋自欺也。」《四書蕅益解》云：

---

[73] 見蕅益大師原著，江謙補註：《四書蕅益解補註》，頁 88。

直心正念真如，名為誠意，妄計實我實法，名為自欺。[74]

又如《大學》：「是故君子有大道，必忠信以得之，驕泰以失之。」《四書蕅益解》云：

大道，即大學之道。君子不以位言，忠信即誠意之異名，直心正念真如，名至誠心，亦名為忠；了知心佛眾生，三無差別，名之為信。……。[75]

這裡蕅益智旭即把儒家的「誠意」、「忠信」的觀念轉為佛家的「直心正念真如」的修行功夫。又如《論語·述而》篇：「子曰：『仁遠乎哉！我欲仁，斯仁至矣。』」《四書蕅益解》云：

欲二即仁，仁體即是本來至極之禮，猶所云念佛心即是佛也。[76]

此處以「本來至極之體」來比擬儒家「仁」之觀念，亦即以佛性比喻「仁」體。《四書》的內容經過蕅益智旭的精心

---

[74] 同上註，頁 14。
[75] 同上註，頁 26。
[76] 同上註，頁 136。

架構後，[77]整部《四書藕益解》便將儒家維持人倫之德目，轉換成佛家觀心法門，孔子成為一位處處觀機逗教機鋒百出的大禪師，而整部儒家「內聖外王」的經典也徹底的禪化，變成學佛者的修行寶典了。在儒佛的交涉史中，《四書藕益解》可說是一個高峰，它代表了晚明佛教界在此一風氣下，有目的、有方法、有系統，全面從義理上融和儒釋的成果。在新《四書》學的風潮中，其最大特色在建構了完整的「援佛入儒」的理論架構，呈現了一種特殊的《四書》學新面貌。而在儒佛互動的歷史脈絡中，其最大的作用，即是將儒家的經典納入佛法之中，成為佛法的一部份，從義理上回應與化解程朱以來儒者的排佛壓力，並藉此作為接引儒者的橋樑。

五、結　語

---

[77] 關於藕益大師如何融會儒釋二家思想的理論與方法，請參閱拙著：《四書藕益解研究》，頁 131-148。

　　由上述的論述中，我們可發現晚明這許多新《四書》學的著作，與王學的興起及三教合一論的流行有著密切的關係。在整個《四書》學史中，王陽明對晚明《四書》學的影響居於關鍵地位。陽明心學的提出與興起，打破了百年來朱注的權威，開啟了廣闊的《四書》注疏空間並拉近了三教間的疆界，給與了三教合一，乃至儒佛合流的新契機，因而有大量新《四書》學的作品產生。

　　繼之而起的則是李卓吾《四書評》的問世。《四書評》突破傳統註疏的解經方式，充滿了解脫精神因而帶動了自由解釋的《四書》風潮，產生了「參」、「眼評」、「點睛」、「遇」、「管窺」等等書名的《四書》新著。這些作品的共同特徵：在著作態度上持反對朱子《四書》學之立場，並以陽明心學取代程朱理學作為詮釋經典的思想基礎；在研究精神與方法上則自由解釋大興，充滿著自由學風與解放精神；在著作內容上，最主要的特色為呈現三教融合乃至儒佛合流的傾向。

　　晚明新《四書》學的作品，一部份是佛教界（包含在家居士）的著作，如蕅益智旭《四書蕅益解》、憨山德清的〈大學綱目決疑〉、〈中庸直指〉等。這類著作大都專門「以禪解經」，有著「三教合一」的著作動機，理論性亦較強；另一部份則是陽明學的學者所作，其立論的中心思想，仍是以「陽明心學」為中心。其內容雜有佛、道的部份，乃是受當時三教合一論流行的影響所致。而其著作援引佛道

的地方，大概為：名詞的引用、行為的比擬、文意觀念的相比附，較少深入義理層次的融合，其中尤以明末張岱的《四書遇》為最具代表性，是陽明學學者「新四書學」作品中的集大成者。

這種學風到了清初以後，一方面清代官學沿襲元明之舊，以程朱為宗，[78]一方面清初學者把明朝滅亡的責任歸咎到王學的身上，指責王學夾雜釋老，空疏虛誕，而得異端亡國的罪名。於是這種以陽明心學與三教合一說為背景詮釋《四書》的新學風便至蕩然無存。

綜觀整個《四書》學史來說，晚明新《四書》學的多樣性與豐富性，其立論的自主性都可說是《四書》學史上的一道異彩。

參考文獻

〔南宋〕朱熹：《四書集注》北京：中華書局，1983. 10.

〔明〕李贄：《四書評》上海：上海人民出版社，1975. 5.

〔明〕張岱：《四書遇》杭州：浙江古籍出版社，1985. 6.

〔明〕王陽明：《王陽明傳習錄及大學問》台北：黎民文化事業有限公司，1988 年 3 月.

---

[78] 如順治二年定士例，即以朱熹《四書集註》為主，康熙五十一年，將朱熹奉祀於「十哲」之列，對於朱學可謂推崇備至。

〔明〕蕅益大師原著，江謙補註：《四書蕅益解補註》台北：
　　　佛教書局.

荒木見悟：《明代思想研究》東京：創文社，1972.

佐野公治：《四書學史の研究》東京：創文社，1988. 2.

中央大學共同學科主編：《明清之際中國文化的轉變與延續
　　　　　　　研討會論文集》台北：文史哲出版
　　　　　　　社，1991.　　　．

林師慶彰：《明代經學研究論集》台北：文史哲出版社，1994.

林師慶彰主編：《明代經學國際研討會論文集》台北：中國
　　　文哲研究所籌備處，1996. 6.

松川健二編　林師慶彰等譯：《論語思想史》台北：萬卷樓
　　　圖書股份有限公司，2006. 2.

The Showing of "The Annotations of 4 Chinese Classical Books" in Last Ming Dynasty: Focusing on "The Meeting of The Annotations of 4 Chinese Classical Books "

Chang ray-cheng

Abstract

"The Annotations of 4 Chinese Classical Books" was the authority on annotations since Ming dynasty. Until the appearance of the scholarship of mind of Wang Yang-ming and the mixing of Confucianism and Buddhism and Taoism, the explanations around Master Chiu Shei was broken. The former was called" New scholarship of 4 Chinese Classical" by Japanese scholar, which was included by 4 reasons: first, the replace of Master Chiu Shei by Master Wang; second, the thoughts were full of freedom and liberty; third, the mixing of Confucianism and Buddhism and Taoism was the specialty in this period. As a word, " New scholarship of 4 Chinese Classical" was flashing in last Ming dynasty.

Keywords: last Ming dynasty, scholarship of 4 Chinese Classical Books, The Meeting of The Annotations of 4 Chinese Classical Books " , Chang dye, the mixing of Confucianism and Buddhism and Taoism

語言環境與外語學習：論台灣的大學外語教學

林耀福

淡江大學英文系教授

台灣大學外文系名譽教授

摘要

外語學習是實踐的功夫，非僅是理論的問題。倘若外語的學習愈是被建構成一門愈有系統的學問，常常意味著它的實踐面愈是被忽略，結果外語教學愈是專業化，學生的外語能力愈差。因此，重新檢視語言教學的實踐性，建構良好的語言環境，優先培養學生的基礎語言能力，以整合語言與文學成為目前台灣外語教學的重要課題。

關鍵詞：外語學習　語言教學　語言環境

　　《孟子》〈滕文公〉下篇裡有一段孟子與戴不勝的對話，對於有效學習外語提供了一針見血的真知灼見。底下便是這段簡短的對話：

> 孟子謂戴不勝曰：「有楚大夫於此，欲其子之齊語也，則使齊人傳諸？使楚人傳諸？」曰：「使齊人傳之。」曰：「一齊人傳之，眾楚人咻之，雖日撻而求其齊也，不可得矣；引而置之莊嶽之間數年，雖日撻而求其楚也，亦不可得矣。」[1]

　　兩千多年前，一位不是外語教育專家的老祖宗，便已清楚的瞭解到，語言環境在外語學習中的關鍵地位。一個楚國的小孩要學習齊國的語言，最好當然是聘請說齊國話的母語人士當教師。可是如果學習的地點在楚國，那也是事倍功半，沒什麼效果的。因為你同講齊國話的老師上一個小時的課，下了課之後其餘二十三個小時都跟一大堆講楚國話的親戚朋友混在一起，聽的是楚國話，講的是楚國話，那麼同齊國老師學習一個小時的收穫也都還給老師了！你再怎麼打他罵他也是枉然。可是如果學習的地點是在齊國－譬如在齊國的莊嶽－那麼情況就很不一樣了。在一個四面八方都是齊國話的環境裡頭，學習的效果得到強

---

[1] 朱熹，《四書章句集註》，（台北：鵝湖出版社，1986），P. 269。

化，事半而功倍，你就是打他罵他，不許他學齊語，他還是會把齊國話學得跟母語一樣好，要他說楚國的話，反而困難了。孟子的灼見，在全球化趨勢銳不可當的今天，正好指引了一條學習外語的途徑。

然而孟子的灼見，其實是得自經驗的常識與智慧，不是什麼高深的理論。而它的重要性也就在這裡－在它的常識性而不在它的理論性。外語學習基本上是實踐的工夫，不是理論的問題。當外語習得（second language acquisition)成為一門學問的時候（或者應該說，當從事外語教學的同志們努力地使它成為一門學問的時候)，我們很自然地會從事理論的探索與建構，以建立系統並作為實踐的基礎。理論的重要性自然不容我們忽視。但事實上理論屬於上層建築(superstructure)，具有居高臨下的階級優越性而讓我們心嚮往之。問題就出在這裡：我們對理論越是趨之若鶩，外語學習越是被建構成一門系統完整的學問，它的實踐層面就可能越受到忽視。但是實踐乃是語言教學的底基（base)，缺乏了它理論的上層建築是會垮下來的。結果就可能出現這樣的矛盾現象：外語教學越是專業化，學生的外語能力可能越差。

台灣的外國語文學系（其實就是英文系）裡，大抵包含文學、語言學及語言教學（應用語言學）等三個領域，而教師的專長也大致分布在這三個領域。傳統上，文學佔著比較優勢的地位，這點在非師範院校的一般大學尤其明

顯。例如台灣大學的外國語文學系，一直到現在都還是只有出身文學研究的學者才有擔任系主任的機會。語言學雖然是一門學術地位崇高的科學，但是除了清華大學、台灣大學、師範大學、政治大學等少數大學設有語言學研究所外，並沒有任何學校在大學部設有語言學系，由於從事者較少，所以相對於文學，它顯得比較弱勢。至於語言教學，一則因為它出現的時間較晚，二則因為它的性質實用、學術性較淡，因此在學術界的地位也比較低。外語教學，尤其是英語教學，的迅速發展當然跟英語之成為國際語言息息相關。大英帝國的霸業日落西山之後，美國於第二次世界大戰後繼起，成為另一個日不落的帝國，在超過一個世紀的漫長時間裡經由政治、經濟、軍事、文化、科技等力量，英語的優勢不但獲得維持而且還不斷地擴大版圖。而隨著國際化與網路時代的來臨，這個優勢已發展成無可抗拒的霸權。任何個人或群體想要有所發展，都不能不掌握這個語言利器。[2]第二次世界大戰後，美國成為新興的霸權，為了拓展其霸業，就更進一步的致力於推廣英語教學，

---

[2] George Steiner 在其討論與言語翻譯的巨著，After Babel: Aspects of Language and Translation (Oxford and New York: Oxford University Press，1992)中便曾暢論，由於英美在政治、軍事、財經、科技等方面的優勢地位，英語已成為世界語，其流通的普遍已超過歷史上的拉丁文。 見 P. 92-P. 93。

發展成一門重要的學科。[3]（我們不難想像，當中國的力量
強大時，必然也會推動華語教學成為一門顯學）。

　　總而言之，相較於文學和語言學，英語教學的簡短歷
史、實用特色以及學術性的相對淡薄，使其居於相對的弱
勢地位。台灣的外國語文學界兩個歷史比較久的學會，比
較文學學會和英美文學學會，以及文化研究學會大概網羅
了台灣學界研究外國文學與文化的菁英，但是它們都跟外
語或英語教學無關。由朱立民、顏元叔等先生所創立的比
較文學學會，除了每年一度的小型研討會以外，自 1971 年
起每四年並與淡江大學共同在淡江大學舉辦一次大型的國
際比較文學會議，同時還設立了一中一英兩個學術刊物，
即《中外文學》（中文月刊，設於台灣大學外文系）與《淡
江評論》（Tamkang Review 英文季刊，設於淡江大學英文
系）作為其機關刊物。也是由朱立民先生倡議設立的英美
文學學會，成立的時間晚於比較文學學會許多，但它也每
年舉辦一次研討會，並設立評價極高的《英美文學評論》。

　　也正因為外語／英語教學在台灣的外國語文學術圈裡
有被邊緣化的趨勢，外語教學界的同仁們於是積極地推動

---

[3] 一本具有參考價值的英語教學史的著作是 A. P. R. Howatt 的 A
History of English Language Teaching（Oxford and New York:
Oxford University Press，1984）。 不過這本書主要討論的
是英國的英語教學史，較少論及美國的貢獻。

研究、舉辦學術活動，希望藉以提升地位。近幾年來，台灣的外語／英語學界促進外語教學的活動十分頻繁，各種大大小小的學術會議，幾乎無日無之。而新增設的英語教學研究所和應用英語系，尤其是應用英語系，更有如雨後春筍般的出現。就從業人員的眾多、活動的頻繁、應用層面與影響的廣大以及政府的政策支持而言，外語教學，尤其是英語教學，不但不是弱勢，反而最為強勢。

事實上，只要檢視一下台灣各大學英／外文系的課程和師資，便不難看出，語言部門其實是居於優勢地位的。在大約 138 個畢業最低學分當中（各校有些差異），文學的必修課程和學分大致如下：西洋文學概論 (2/2)，文學作品讀法(2/2)，歐洲文學(3/3)，英國文學 (12)，美國文學(3/3)共約 32 學分，其餘的如小說、詩歌、戲劇等文類課程和專家、專題等大多列為選修。語文的必修課程學分則大約如下：大一外／英文(3/3)，英語聽講實習(1/1)，英語口語訓練(8)，英文作文(12)，翻譯(2/2)，語言學概論(2/2)，共約 36 學分（如加上 8 個學分的第二外語，則可能高達 44 個學分），其餘的如新聞英語、高級會話、高級寫作、語音學、英語教學等等則多列為選修。雖然各校間都有差異，但大體上語言所佔的學分數比文學多。大抵而言，台大與師大的課程規劃比較豐富而具有特色，而且台大的文學比重確實大於語言（39：22，不含第二外語），師大則剛好相反（16：38，不含第二外語，第二外語在師大

58

為選修)。值得我們特別注意的是,雖然台大在課程設計上文學及文化研究的比重較大,但即使台大也把語言學與英語教學列為一個學域,開設了第二語言習得概論、語言學習策略與教學應用等十多門課程。除此之外,由於大一外／英語是全校共同必修科,光是這一個科目所需要的教師人數就可能超過全系的文學教師人數,如果再計入第二外語教師和專業的語言教學教師,那人數的懸殊就更大了。[4]在這樣的情況下,如何能要求英語教學界甘於屈居邊緣的地位?

在英語文教師研討會擴大參與層面、包含了一般大學之後三年(1992),這個鬆散的組織演變成一個正式的學會,「中華民國英語文教師學會」(English Teachers' Association, ETA),每年舉辦大型的英語教學研討會,其會期之長,論文之多,參與的人數之眾,贊助的廠商、出版社與政府單位之熱烈,都不是哪一個文學研討會,包括歷史最悠久的淡江國際比較文學研討會,所能比擬的。在它的鼓舞之下,英語教學的士氣大振,各種大大小小的教學活動與研討會此起彼落,真是風起雲湧,盛況空前。而在全球化的激勵之下,主管教育的官方機構也積極地制定了新的外語政策。譬如在教育部的積極推動下,英語課

---

[4] 見台灣大學、台灣師範大學等校英／外文系的課程表,及其教職員錄。

程自 2001 年九月起由原來的國民中學一年級提早到小學五年級開始修讀，現在已往下延伸到小學三年級。雖然早在應用外語系蔚為風潮的 1980 年代末期，英語的實用功能便受到經濟與對外貿易官員的重視（當時王建宣先生擔任經濟部次長，江炳坤先生擔任外貿協會秘書長，兩人積極推動在新竹成立外貿人才培訓班，以全面密集的方式訓練外貿人才的英語能力，俗稱魔鬼訓練營，成效十分卓著），不過最能夠代表實用思維躍升到主流地位的大事，莫過於應用外／英語系的全面蔓延。在教育部的鼓勵與放任之下，大約從 1996 年以後的三、五年間，台灣的科技大學、技術學院，乃至於一般大學，一下子成立了幾十個應用外語系！真個如雨後春筍、野火燎原！

除了學術與官方機構以外，民間團體對外語學習的熱中，也大量提升了外語在台灣的社會地位。設於台灣大學校園內的財團法人「語言訓練測驗中心」，在推動台灣的外語（尤其是英語）學習與評量上，有令人敬佩的貢獻。三年前這個中心又領導進行了一個大型的研究計畫，「全民英語能力分級檢定測驗」，希望經由建立具有信度、效度的評量體系來提升國民的英語能力。這個測驗共分初級、中級、中高級、高級和優級等五級，在 2002 年研發完成，目前每年參加檢測的人數在六十萬以上。

在外語教學的地位全面提升之後，我們很自然的要問，學生的外語能力提高了嗎？英語教學既然是一門應用

的學科,那麼它的學術研究與活動,都應該以實踐為依歸。任何不能使學習者更有效的學會外語的研究或討論、不能落實的教學方法,都成了空泛的言談,是沒有太大意義的。在我們連篇累牘討論全語言、溝通教學、合作學習等等方法與理論的時候,學生的英語能力進步了沒有?我們很想斬釘決鐵地說,當然進步了,可惜說不出口。儘管英/外語教學已成為顯學,但是目前台灣的教學環境、關鍵政策、學習動機與心態等等,在在都使得教學的成效難以充分發揮。其結果是學生的英語能力,尤其是大學生的英語能力,可能出現了倒退的現象。語言訓練測驗中心 2000 年兩次全民英檢中級初、複試,以及 2001 年一次中高級初、複試的結果,令人感到憂慮。2000 年的中級初試成績,竟然出現英語主修科系的學生(含一般大學英文系及技術學院的應用英語系等)落後於許多其他非專修英語科系的考生的現象:聽力排名第四,閱讀排名第七。而 2001 年的中高級初、複試,也出現大學生的總通過率(11.4%)遠低於普通高中生(23.6%)的結果。[5]雖然這只是初步的結果,有待進一步的數據加以印證,但作為一個大學的英語教育工作者,這個現象真是叫人直冒冷汗! 事實上,2000 年的中級初

---

[5] 見財團法人語言訓練測驗中心 ,〈全民英撿中級 2000 年暨中高級 2001 年測驗成績分析〉報告。此報告乃中心內部資料,尚非正式出版。

試成績之所以出現主修英語的考生成績落後於非主修英語的考生，完全是受到應用英語科系考生的拖累—他們的成績實在不好。這就不能不教我們深自惕勵，檢討整個應用英語系的課程、師資和基本哲學。這也逼著我們不得不對整個英語教學的資源、政策、方法、師資、課程等等方面進行檢討。

我們要再一次強調，實踐乃是語言教學的靈魂，沒有實踐，則語言教學的理論架構只是個美麗的軀殼而已。就實踐而言，孟子的真知灼見，他的常識與智慧，具有極大的啟發作用。我們不論在台北還是在彰化學習英語，都等於是楚國人在楚國學齊國的話，而且老師多半是楚國人而不是母語人士的齊國人。在這樣不利的語言環境裡，再精闢的語言教學論述，如果不能轉化為實踐，幫助都是有限的。初期學習外語的最大困難，其實就是母語的干擾。母語是一個不惜用生命保護愛子的慈母，她小心翼翼地把愛子摟在懷裡細心呵護，生怕她走出視線之外，受到傷害。然而就外語學習而言，這樣的呵護正是愛之適足以害之。我們必須忍心讓媽媽傷心，千方百計儲積強大的能量以掙脫母語的地心吸力，才能夠成長、自立、遨遊於外語的天空。而在目的語的環境裡學習那個外語，是最能有效儲積能量的方式。在外語的環境裡學習外語，你便有機會在最自然的情境裡受到最大程度的、外語的「飽和轟炸」和「接觸」，有助於你把理解能力轉化成應用能力，避免你把明明

知道的 two books 說成 two book。而在「浸泡」（immersion）於外語水池的過程中，你也會眼觀四面耳聽八方的吸收。

然而不是人人都有機會出國留學，浸泡在目的語的環境裡頭。但有鑑於語言環境在外語學習上的重要性，我們必須盡其所能的建構一個盡量接近的外語環境。也就是說，在西安，在北京，在台北製造一個小倫敦、小紐約或者小舊金山。這是逆勢操作，困難重重自不待言。不過在網際網路的時代，建構一個沒有時間和空間限制的虛擬外語環境不再是那麼遙不可及，而且也是未來必須要走的道路。

要在真實的世界裡建構有利的外語環境，不二的法門就是儘可能的增加學生接觸外語的機會。最直截了當的做法，就是多聘母語人士擔任教師，增加授課時數，進行小班密集教學。然而這要增加多少資源，又有多少學校能夠辦得到！一般而言，台灣的大學生只有大一須要修讀英／外語，每週三個小時，每班有五、六十個學生。這樣子一年敷衍下來，能學到什麼東西呢？怪不得全民英檢初步發現，大學畢業生的英文程度可能不如中學畢業生。就外語科系而言，如前面提到過的，一個學生大概修習 138 個學分就可以畢業，扣除通識課程、基礎課程與選修課程，真正本科的核心課程可能不超過 80 個學分。以 80 個學分計算，扣掉期中、期末考試與放假的時間，1 個學分平均大約上課 15 個小時，80 個學分大概只有 1200 小時，四年內

上 1200 小時，一年只有 300 小時，也就是說每天平均不到一個小時。而在這寶貴的一個小時裡，是一對一上課嗎？不是，是一個教師對二、三十個學生，甚至於七、八十個學生。除非學生自力救濟，十倍二十倍的用功，否則要把外語學好，簡直難如登天。如果一般大學的情況都已如此，那麼台灣這幾年競相成立的幾十個應用外語系就更加不如了。大抵而言，眾多應用外語系的各種資源比傳統的英／外文系貧乏，學生的素質也比較差，但他們卻被要求在相同的時間裡攻讀兩個主修——一個是外語，另一個是要把外語應用於其上的專門領域。如果連基礎的外語能力都培養不起來卻還要奢談其他，那就真的很不實際、很不實用了。把這些應用外語系廢除掉，把它們的資源分配到其他英／外文系去，倒可能是比較務實的作法。

要改善前面的困境，建立較好的外語學習環境以增進學習效果，並不是全然無計可施。首先我們應該調整一些自我束縛的觀念。譬如在外語教師的聘任上，只要我們改變對博士學位的迷戀，那就會變得海闊天空，不但不會消耗更多資源，反而會節省人力與經費，又能強化學習效果，一舉數得。外語教師不必一定要具有博士學位。外國語文學系的教師聘任應該採用雙軌制：第一軌道著重學術研究，應該具有博士學位，強調的是他的學術能力；第二軌道著重教學表現，強調的是他的外語能力、教學能力、教學熱誠和經驗，不是他的博士學位和學術表現。只要有好

的外文能力、好的教學方法與教學熱誠，不論他是學士、碩士、博士，都可以作為一個英文教師。如果我們有足夠優秀的外語教師，尤其是母語人士，形成一個英語／外語社群，自然就能建立較好的外語環境，幫助學習。而由於這些教師以教學而非以研究為主，且他們的層級較低——至多是講師或講師級的專業技術教師——所以他們的授課鐘點較多而薪資較低，不會加重學校的負荷。這個看起來應該可行的措施之所以難以落實，主要是在台灣教育部的大學評鑑太過強調教師是否具有博士學位，導至各校不願聘任沒有博士學位的教師。我們不太能理解，為什麼我們這麼迷戀博士學位，以為沒有博士學位就沒有文化水平。其實就文學藝術而言，有多少偉大的作家、詩人——那些文字藝術的大師、經典文化的創造者與守護者——是具有博士學位的？莎士比亞沒有、歌德沒有、葉慈沒有、惠特曼沒有、海明威沒有、杜甫沒有、李白沒有、余光中沒有、白先勇沒有，通通沒有！我們到國外去留學，到美國、到英國，不僅是投入一個語言環境，更是投入整個文化環境。你在課堂上上課，或許你的老師是大博士，但你的同學不是。下了課之後，到書店去買書，到超級市場買牛奶，到百貨商店去買衣服，到城裡去逛街，難道那些店員和路人也都是大博士？難道除了課堂上的博士教授以外，其他的人都沒有文化，都不值得你去觀察學習？別忘了，聖人說過，三人行必有吾師焉（或者你會質疑說，聖人根本沒有博士

學位，通不過資格考，不算！）。而這也是一種「共同背景知識」，乃是溝通言談中不可或缺的第一層的文化知識。仔細想想，博士迷戀症讓我們的頭腦有點不靈光了。

同儕學習是極為寶貴的教學資源。教師與學生一方是權威的來源，另一方是權威的對象，因此在結構上具有對立的性質。這層形式上與心理上的對立，多少會影響到學習情緒與效果。但是同儕學習則沒有這一層負面的因素。如果我們能夠把每一班裡比較優秀的學生組織起來，協助教學，那不但可以增加教學資源，更可以提升教學效果。而如果能夠經由國際交流使外國的交換學生當作同儕學習的小教師，那就更為理想了，因為這會積極的改善語言環境，增加學生接觸外語的機會。

課程的設計與安排，與師資一樣重要，甚至於更重要。由於語言能力的培養應及早完成，而且四年的時間一晃即逝，因此必須從大一開始就加強語言的課程。目前台灣各大學的規定，一年級多半可以排到 25 個學分的課程。除了國文、英文以外，這 25 個學分應該全部排各系的基礎語言課程，德文系排德文，法文系排法文，日文系排日文，等等。也就是扣掉國文、英文的 6 個學分以外，剩下的 19 個學分全部都上基礎語言課程，並且把聽力、口語訓練等課程的學分數與上課時數脫鉤，也就是上課時數倍於學分數，儘可能的做密集訓練，增加學生接觸外語的機會。二年級繼續進行密集的外語訓練。除了正規的課程之外，更

應輔以與外語相關的課外活動，鼓勵演講、作文、翻譯、背誦、表演等等比賽，並給予參與者獎勵。經過兩年的密集訓練之後，學生有了扎實的外語－其實就是英語－能力，到了三年級便有條件與能力去朝文化、文學或其他相關的專門領域去發展，使得語言學習與文學研究結合成一體。也唯有這樣的課程安排，才可能給所謂的應用外語系帶來生機。而這種方式的課程安排，對英語系以外的第二外語科系尤其重要。相較於英／外文系，日、德、法、西、俄等第二外國語系是居於不利地位的。英文系學生在進入大學的時候，已經有了在國、高中學習了六年的基礎（小學實施英語教學後更不只六年），但是第二外語科系的學生就沒有這個福氣了。在目前的制度下，理論上第二外語科系的學生在大學裡是從零開始的，他們是真正的新鮮人。但制度上並不會因為你缺少了六年或是八、九年的語言基礎與經驗，就給你另外延長學習年限。第二外語科系的修業年限也一樣是四年，所以相較於英語系，其他外語系在立足點就比較吃虧了，所以他們更需要及早在一年級的時候就開始密集訓練，跟時間賽跑。

台灣的社會歷經政治、經濟、文化的變遷，其大學裡的外國語文學界也經歷了某種程度的典範更替（paradigm shift），從文學優勢演化到語言教學優勢與實用掛帥。然而以實踐為依歸的英語教學卻目眩神迷於學術的華麗而未能真正落實實踐的工夫，有效地提升學習效果。從新審視

語言教學的實踐特性，建構良好的語言環境，優先培育學生的基礎語文能力，以整合語言與文學，便成為重要的課題。

參考文獻

A. P. R. Howatt，《A History of English Language Teaching》，Oxford and New York: Oxford University Press，1984。

朱熹著，《四書章句集註》，台北：鵝湖出版社，1986。

George Steiner，《After Babel: Aspects of Language and Translation》，Oxford and New York: Oxford University Press，1992。

台灣大學，http://www.ntu.edu.tw/chinese2007/、台灣師範大學，http://www.ntnu.edu.tw/等校英／外文系的課程表，及其教職員錄。

財團法人語言訓練測驗中心，http://www.lttc.ntu.edu.tw/，〈全民英撿中級2000年暨中高級2001年測驗成績分析〉報告。

Environment of Language and Learning of Foreign Language: Commenting on Teachings of Foreign Language for University in Taiwan

Lin yao-fu

Abstract

Learning of language should be in practical action not only in theory. More systematical for language learning, more ignorant for practical action. At last more expert for language teaching, more worse in ability in language. Therefore, examining again practical action in language teaching and making better environment in language learning and cultivating basic ability in language to unite language and literature will be important subject.

Keywords: Learning of foreign language, teaching of language, environment of language

台灣經濟在亞洲經濟合作與經濟整合中的角色

魏萼

淡江大學國際事務與戰略研究所教授

摘要

台灣經濟與大陸經濟的結合是必然的。中國大陸在產業結構上的平衡發展與中共建國初期重視工業有關,同時與傳統中國文化中視產業多元化也有關係。由台灣儒家文化思想與海島經濟的雙重因素要能造就民間發展資本密集的產業經濟可能性較低,因此台灣與大陸經濟構成互補的關係勢將持續成長。

關鍵詞:台灣經濟 大陸經濟 產業結構

一、前言

　　全球化本土主義(Glocalism)價值觀是二十一世紀文化與文明的新趨勢，它是全球主義(Globalism)與本土主義(Localism)的結合。當中，亞洲經濟的「新區域主義」(New Regionalism)也是不斷的隨著各地區政治經濟的新形勢下而作必要的調整。「東亞經濟圈」(East Asia Economic Community)、「中華經濟圈」(Chinese Economic Community)、「東南亞經濟圈」(South East Asia Economic Community)、「儒家文化經濟圈」(Confucian Economic Community)等等區域經濟整合經常地在分流(divergency)與合流(convergency)中，而東亞地區的經濟在二次世界大戰以後不斷的崛起與壯大，引全球注目。[1]當前的日本經濟已是世界第二，但中國大陸的經濟也在逐漸成長下，在這個世紀中葉，中華經濟體將取代日本，成為僅次於美國的

---

[1]參閱：奈思比(John Naisbitt)著，林蔭應譯，《亞洲大趨勢》(Megatrends Asia)，(台北：天下文化出版社，1996年)，P.30—P.55。該著作原於美國 Nicholas Brealey Publishing Ltd., 1995 年出版。

經濟大國。[2]戰後的台灣一直是屬於日本為主軸的「東亞經濟圈」,但在二十一世紀裡,台灣終將成為以中國大陸為主要的「中華經濟圈」中的重要成員。[3]

　　台灣經濟曾經被譽為「奇蹟」,也是開發中國家的典範之一。台灣經濟發展經驗在東亞地區一向被認為是舉足輕重的;然而近幾年來台灣經濟表現不甚亮麗。[4]雖然如此,台灣經濟在亞洲經濟合作與經濟整合的過程中,仍然扮演者重要的角色。

　　台灣經濟在亞洲的角色可從其經濟發展的經濟實力、經濟發展的儒家思想和經濟發展的政策經驗等三方面來探討。台灣經濟發展的實力是其在亞洲經濟合作經濟和經濟整合的基礎;台灣經濟的儒家文化是其在亞洲經濟合作與經濟整合的動力,而台灣經濟發展的經驗可供亞洲經濟合

----

[2]中國大陸的國民總生產於西元 2000 年居全世界第六位,2006 年則居全世界第四名,當今世界各國國民總生產依序為美國、日本、德國、中國、英國、法國、義大利、加拿大等。
[3]2002 年以後至今日,台灣對外貿易第一對手是中國大陸,第二對手是美國,日本退居第三位。中華民國財政部海關統計。
[4]台灣經濟奇蹟是指 1949 年至 1989 年。1990 年以後台灣經濟成長率減慢。詳情請參閱 Wei, Wou, Capitalism: A Chinese Vision, Center for East Asia Studies, Ohio State University, Columbia, Ohio, 1992.

作與經濟整合的參考。[5]本文的重點則偏向於台灣經濟發展所展示的實力，以及其如何貢獻於亞洲的經濟發展。

論及亞洲經濟合作與整合的前景，這是有前題條件的。第一、這要視亞洲各國間經濟的互補性和互利性，這涉及經濟學的供需關係，其中是以對外貿易與投資關係為主要；第二、這要以共同的市場經濟背景為基礎；社會主義的計劃經濟與資本主義的市場經濟因為體制的不同，彼此較難接軌；第三、要有相同的經濟合作與整合的環境，這涉及有關經濟合作的法令與規章等有關問題，否則難以促成彼此的合作事項。[6]此外，亞洲地區即使有了上述經濟合作與整合要件之後，還有政治與文化的顧慮。假若國與國之間有不同的政治利益也會影響亞洲各地區間應有的經濟合作與整合方向；例如台灣正面臨著是應駛入「東亞經濟圈」或「中華經濟圈」的交叉路口上。「東亞經濟圈」是以日本為主要，而「中華經濟圈」是以中國為主軸，這已如前述。[7]台灣因為歷史與文化的因素的變遷，促使台灣從昔日的「東亞經濟圈」的屬性逐漸轉移至「中華經濟圈」。

---

[5]參閱：魏萼，《中國國富論》（一個富有中國特色的新國富論），（台北：時報出版事業公司，2000 年。）
[6]參閱：同前註。
[7]這牽涉到中日兩國的歷史與文化因素，尤其是第二次世界大戰期間的所謂八年中日戰爭。

回歸歷史文化的中國，1978 年以後其經濟發展的表現優越，這是歷史與文化的經濟因素自然而然的牽引台灣經濟合作與整合方向逐漸由日本為中心的「東亞經濟圈」轉移到以中國大陸為軸心的「中華經濟圈」。

其實，台灣、日本與中國大陸等均是亞太經濟合作組織(APEC)的重要成員。「東亞經濟圈」的重要性雖日益提高，但這以日本為主的「東亞經濟圈」以及以中國為主的「中華經濟圈」相比較，「東亞經濟圈」其在經濟總體實力上的重要性相對降低，將變成次經濟圈的地位，它將不是亞洲經濟的最重要舞台了。[8]亞洲經濟除了上述的「東亞經濟圈」、「中華經濟圈」、「東南亞經濟圈」、「亞太經和組織」之外，還有中東、中亞，與南亞等地區；就以台灣的經濟合作與經濟整合的角色來說，這些經濟區域主義其重要性都不高。

二、台灣富有中國特色的市場經濟

---

[8]這是相對的比較觀點而言；從長期趨勢而言，此情勢將更趨明顯。

綜觀二十一世紀將是全球化與本土主義的結合時代，地球村裡的普世價值(Universal Value)與區域性本土主義(Regional Localism)價值觀的超國際性日益提高，逐漸遠離文化衝突(Cultural Collusion)。[9]其中都向市場經濟認同，彼此逐漸否定計劃經濟的功能。[10]這對全球的福祉有正面的意義，因此世界經貿組織(WTO)之主張排除關稅壁壘，其趨向市場經濟的比較經濟利益原則(The principle of the Comparative Advantages)，基本上是有助於全球經濟資源的有效配置。[11]

台灣與中國大陸終於在 2001 年進入世界經貿組織，有助於台灣參與亞洲的經濟合作與整合。[12]中國大陸繼進入

---

[9]東方儒家思想的哲學基礎「天人合一」便是文化調和，此與西方某些學者所謂的文化衝突是不相同的。

[10]市場經濟是一國現代化經濟制度與經濟發展的方向；市場經濟雖不是萬能，但沒有市場經濟是萬萬不能。市場經濟的好處比計劃經濟多，這可以從世界經濟發展實證的驗得到答案。

[11]民主制度也有其缺點，尤其是不健全的民主；一般來說，民主總比不民主的好處多。Glenn Jerome C and Theodore J. Gordon, State of the Future at the Millennium, American Council for the United Nations University(The Millennium Project), Washington D.C. and New York, U.S.A., 2001, P.16-P.17.

[12]台灣與中國大陸分別於 2002 年十二月進入 WTO。

國際貨幣基金會(IMF)以及世界銀行(World Bank)之後,此次再加入世界經貿組織,此不但有助於其在國內和國際邁向市場經濟,也有助於其在世界經濟的貢獻,換言之,有助於中共經濟的國際化,另一方面也可以貢獻國際經濟於一二。[13]

在上述亞洲經濟合作與整合的三個要件中的市場經濟,台灣角色重要;因為其與中國大陸經濟有著重要的互動關係。中國,這個發展中國家市場經濟,雖不完善,它逐漸在進步中。[14]這要歸功於 1978 年鄧小平的改革與開放新經濟政策。[15]鄧小平新經濟政策,對國外來說,也促進國際投資與國際貿易的意義。自從 1981 年至 2004 年間,中國大陸共吸收了六千零六十二億美元的外資,而台灣對大陸的投資也已高達六百六十八億美元,佔台灣對外投資總額的百分之六十三,此亦顯示台灣對中國大陸經濟的依賴程度相當高。[16]

---

[13]中共進入了世界銀行(World Bank)以及國際貨幣基金會(I.M.F)之後,加速了其與國際市場經濟大環境的接軌。

[14]中共進入市場經濟的軌道是正常的,這與中國文化也是結合的,因為中國經濟思想史乃是一部以市場經濟為主要的文化史。

[15]鄧小平是中國人,他也是中國文化的愛好者。詳文參閱 Allen T. Cheng, 「China's hidden agenda?」, Asia-Inc., (Nov-Dec.), Singapore, 2002, P. 45-P.47.

[16]依據中國海關統計;新華社 2002 年十二月三十一日年終報告。

　　中國大陸為實踐市場經濟，所需的人力資源和一些制度性的法令規章也逐一的在充實中，預料其參與世界經濟的潛力將為擴大。[17]2005 年中國大陸外貿總額高達一四五三〇點八億美元，其中出口值為七四八五點六億美元，進口值為七〇四五點二億美元，順差四四五點五億美元，外匯存底在 1993 年僅有二百一十二億美元，猛增至 2006 年的超過一萬億美元，此為全球第一外匯存底國家；[18]如此，人民幣已非昔日的弱勢貨幣，也有強大的升值的壓力。

　　預料人民幣將繼續逐漸轉變成為強勢外幣，這除了中國大陸對外貿易巨大順差之外，那應歸於中國政治穩定、經濟穩定和社會穩定等條件，因為這些因素吸收了不少外資與外匯；[19]中國大陸經濟成長率始終居高不下，改革開放以後的二十年來平均經濟成長率超過百分之九點六。[20]此一

令可參照北京：中國統計年鑑，2006 年。

[17]中國步入市場經濟，其方向正確；所有的法令與規章都在修正與配合當中。中國經濟的發展潛力甚大。

[18]2006 年以前日本的外匯存底始終是高居全球第一位。中國大陸第二位。目前中國大陸的外匯存底已超過一萬億美元，高居全球第一名，因此中國人民幣有升值的壓力。

[19]2006 年第一季，中共外匯存底已超過八千億美元。政治、經濟與社會等的穩定是儒家思想下的產物；經濟穩定經常為成長的先決條件，這是中國的特色。

[20]2010 年以前中國大陸的經濟成長率雖然預測達不到百分之九，但仍然可以維持在百分之七以上。

高經濟成長率仍然會持續下去，則是因為中國大陸的勞力、土地、原料等生產要素皆甚低廉，有利於投資環境，其他因素是外資、外商等均不斷湧入中國大陸，這也加速了中國經濟的發展潛力。[21]

三、台灣與國際經濟

　　台灣經濟不景氣是最近幾年來的事；雖然如此，2005年台灣對外貿易總額還是高達肆千陸佰捌拾參點肆億美元，目前累計外匯也已超過兩千八百多億美元。[22]近年來新台幣的貶值多少是社會、政治、經濟的信心因素；台灣的外債幾乎等於零。[23]台灣的經濟比過去十年可謂不甚理想，但總的來說，台灣經濟發展的過程曾被譽為奇蹟。五十幾年來其平均經濟成長率仍在百分之六以上，通貨膨脹率接

---

[21]孫中山先生思想裡有所謂國際開發中國的想法，這是利用外國資金來促進中國經濟發展；這也使中國經濟有錦上添花的作用。
[22]台灣經濟統計，行政院經濟建設委員會 2006 年度報告。
[23]台灣的外債一向以長期外債為主要，如今台灣外債只有三千多萬美元。

維持在百分之二~四之間，所得分配的吉尼係數（Gini Coefficience）仍然相當理想。[24]台灣經濟已擺脫農業、勞力密集和進口替代的階段，而是邁向提昇工業水平的資本密集、技術密集和其第二階段出口擴張（Export Expansion）的經濟發展階段。台灣經濟發展其基本面來說仍然強勁，其平均國民總生產仍然高達一萬六千美元（仍受新台幣貶值的影響），此統計數字已屬於開發中國家的前茅，然而與已開發國家的西歐、北美、日本等地區相比，仍有相當大的距離。[25]目前，台灣在亞洲經濟合作與整合過程中仍扮演著相當重要的角色。

第一、市場經濟：台灣的市場經濟發展使不是一蹴而成的，它是分階段性的意義，逐步循序漸進的。例如一方面健全經濟與金融制度的建立，另一方面推動經濟與金融道德的教育，使政府與民間相互配合。這一方面的成就雖不甚理想，但方向已經確立。此可以提供經驗給亞太地區許多國家的參酌。[26]

---

[24]同註 22。

[25]台灣經濟在二十一世紀初一定可以進入經濟已開發國家的行列。

[26]台灣經濟發展的經驗過程中，國營企業扮演著很重要的角色；國營企業功成身退，而民營企業逐漸順勢發展，市場經濟遂成為台灣經濟的主流地位。

第二、經濟結構：台灣經濟雖不是屬於經濟已開發國家，但確實已脫離開發中國家的經濟狀態。現階段台灣對於「已開發國家」(Developed Country)經濟仍以提供一些品質較高的輕工業和技術密集的產品，而對於「開發中國家」(Developing Country)也可以提供上述的產品，彼此是經濟產業互補的階段，所以台灣對外貿易成長率快速；何況還逐年有對外貿易上的順差。[27]

第三、經濟文化：台灣經濟發展邁向市場經濟過程中，曾經接受外國專家的指導，特別是 1970 年代國際貨幣基金會和世界銀行的專家指引，他們的貢獻很大；其中台灣的許許多多經濟發展的典章與制度，他們就財政部、經濟部、中央銀行、主計處等有關財經制度的建立提出了許多興革的建議，使台灣順利的邁進市場經濟的社會。然而台灣畢竟是中國文化(尤其是以儒家思想為主流)的地方，政府決策者秉持儒家思想的思維方式做出理性的決策，而在野的民間社會也以儒家思想的思維方式來適應其經濟生活方式。[28]儒家社會裡的勤儉、信義、理性等道德風範均有助於

---

[27]台灣經濟發展靠輕工業，其品質很高。台灣輕工業產品不管經濟已開發國家或經濟開發中國家都表示歡迎，因此享有對外貿易的鉅額順差。

[28]這是儒家新教與經濟發展的關係，此成就可比喻基督新教與西方資本主義社會的關係。

經濟發展和社會安定，這也可以促進台灣與亞洲的經濟合作與整合。這是台灣儒家社會的現代化與國際化的問題。此可媲美西歐、北美等基督新教的國家。[29]

這幾年來台灣經濟不景氣，失業率已高達百分之四點一〇，失業人口已超過四十二萬人。[30]台灣海島經濟因天然資源欠缺，對外依賴度仍高，如今的台灣經濟更偏向對中國傾斜，尤其是對中國大陸的出口貿易佔台灣對外出口貿易總額的百分之二十五以上。[31]

四、台灣與亞太金融危機

1997 年七月開始爆發的亞太金融危機，至目前為止可以說是完全恢復到正常的水平，尤其是韓國、泰國經濟不

---

[29]同前註。
[30]同註 22。
[31]同前註。

但已從經濟危機中得到重建，同時也再進一步的發展中，
難能可貴。1997 年的亞太金融危機的國家中的菲律賓、印
尼也在正常的狀態下重建其經濟發展。此次金融危機所取
得的教訓是股市崩盤、各國貨幣對美元的大幅貶值、這些
國家的對外貿易大幅度縮減、經濟成長率也大幅下降、失
業率因而大為升高等經濟不正常現象。此外亞太經濟危機
所波及較少的地區是中國大陸、台灣、新加坡、香港、越
南等地。何以如此，這與文化衝突和文化調和(Cultural
Harmony)上有密切的關係。[32]印尼伊斯蘭教文化、泰國佛教
文化、韓國儒家文化等國受到外來文化的衝擊較大；例如
印尼的盤查西拉(Panchacilla)文化，本為爪哇文化與伊斯
蘭文化的結合體，泰國的小乘佛教文化本為南頓佛教的一
支，但是遭受到西方基督教、天主教文化的衝擊甚大。韓
國本為東方儒、釋、道文化的重鎮，但遭受到西方基督教、
天主教文化的衝擊，產生文化的偏差，這反映在經濟政策
上是畸形的現象。譬如說投資制度的不夠穩健，這表現在
房地產上的高價位的房子上，富人投資太多，貸款負債過
重，一般窮人購買不起，如此產生的偏差，富者欠債太多，
窮人無購買力，怎不造成銀行的呆帳過高和市場供需失調
的不景氣呢？又如泰國、印尼、韓國等國外債太多，特別

---

[32]以台灣為例，民間信仰佔全人口的百分之八十五以上。這是儒、
釋、道文化的結合體，此已構成台灣的主流文化。

是短期的外債無力清償,這種現象是金融危機的另一個原因。[33]過度投資錯誤的現象是政府與民間機構不健全,表現在於不良放款給大財團;惡性貸款是大財團與金融機構的私通,造成壞帳。壞帳的比率在韓國、泰國當地約為百分之二十,在菲律賓、馬來西亞等約為百分之十,這是當地政府太過依賴於大財團,雖然金融自由化太早,引起外來資金操縱股市、匯市,影響國內金融的自主性。[34]這些金融措施失當造成金融制度不健全是亞太金融危機的原因,都是亞洲開發中國家普遍的現象。這些國家因為文化衝突、文化不協調、文化移位等產生金融制度,金融政策的偏差,如此造成經濟紊亂的現象,可以說是文化因述所造成的。[35]相反的中國大陸、台灣、新加坡、香港、越南等地其金融制度比較健全,金融政策比較得當,所以受到國際金融的影響自然比較小。這些地區都是儒家文化圈的重鎮,其作風比較保守,外匯存放底較豐富,外債比重較輕(中國大陸外債雖達千億,但以長期外債佔82%,短期外債只有18%),銀行對外開放程度少,另外貨幣供給量也有了嚴格的調

---

[33]于宗先、葉萬安、侯家駒、魏萼等四人應中華人民共和國非政府組織「中國文化交流與合作協會」之邀請與中國大陸財經政府單位交換1997-1998年東亞金融危機的經驗,並予1998年二月十九日提出「東亞金融危機給予的啟示」訪問報告。

[34]同前註。

[35]同前註。

控,所以大財團的放貸關係不如理想的高,物價控制得相當穩定。[36]換言之,這是中國文化,特別是受儒家思想影響下的經濟行為方式,所以遭受到外來金融危機的影響自然比較不顯著。同屬儒家文化圈的韓國有些不同,多年來因為其政治文化影響下,外來基督教、天主教等西方文化已形成其文化的主流,這正常嗎?以其宗教信仰為例,基督教和天主教信徒佔了百分之七十五以上。[37]韓國在此亞太經融危機過程中受創甚深,顯然是因為文化沒有完全定位之前所形成的金融不健全、經濟政策失當所致。[38]

從東亞金融危機中取得一些啟示;開發中國家的市場經濟運作經驗不足,經不起外來已開發國家優勢經濟的壓力,尤其是國際金融操手。已開發國家經濟體系對外有防禦力,隔絕力和免疫力,其本身就有保護主義的抵抗力,這些條件在經濟開發中國家是比較欠缺的。[39]一旦順從國際經濟自由化的理念後,這是地區一昧的對外開放,其結果所遭受到的外來衝擊當然甚大。這些開發中國家的經濟因

---

[36]同前註。

[37]海外公報館:《大韓民國》,漢城:翰林出版公司。1994年六月,P.1。

[38]魏萼,《中國國富論》(經濟中國的第三隻手),台北:時報文化出版公司,台北,2000年,P.335—P.353。

[39]同註33。

為金融等制度缺乏健全化，容易產生高度官高勾結，構成金融體系運作不當的現象，這比如說金融性的貨幣供給量和財政性的賦稅制度等失當，皆有產生經濟惡性循環(Economic Vicious Cycle)中不景氣，通貨膨脹等危機。

在此全球化本土主義的二十一世紀裡，經濟自由化是一個全球共同的趨勢，但這些國家或地區，要有一些健全財經配套的措施，以避免再度發生此區域性的金融危機。

五、台灣與亞洲經濟合作

經濟是台灣生存的源泉和動力，若沒有經濟發展，台灣早已沒有生命力。1949 年國民政府的遷往台灣後，全力推動經濟發展，台灣存活下來了，這可以與戰後的日本、西德相提並論；因為戰後的日本與德國一樣，全力的拼經濟。1990 年代前後蘇聯以及東德國家等相繼解體，何以中共一支獨秀，這是因為有 1978 年以後的鄧小平經濟改革，全力推動了中國的經濟發展，走出中國特色的社會主義—

孔夫子文化的中國。[40]這是以中國特色的市場經濟為主軸的
現代化模式。

市場經濟雖然不是萬靈丹，但一國之經濟發展與其經
濟自由化程度有相當大的關聯性。經濟自由化因各國文化
之不同而有所不同，但其發展的方向是一致的。在二十世
紀裡的蘇聯以及東歐共產國家實施計劃經濟失敗的經驗可
以得到殷鑑。過去台灣以及中國大陸的市場經濟與經濟發
展經驗也可以得到一些具體的佐証。這兩個經濟發展區域
皆是以中國文化為本體，而中國文化也是以市場經濟為基
礎的。只要順著富有中國特色的市場經濟方向走，台灣與
中國大陸的經濟發展是有希望的。中國經濟文化中政府的
國營企業和國家經濟計劃是不可或缺的，此亦即所謂「政
府經濟絕對不是萬能，但是沒有政府經濟也是不能的」。[41]中
國經濟發展重視政府經濟的某些功能是中國文化中的特
色。具體的說，富有中國特色的政府經濟是基於輔助性的
功能，但他絕對不能取代民間經濟的主要功能。因之，亞
當・史密斯(Adam Smith, 1723-1790)「國富論」(The Wealth
of Nations)所強調「一隻看不見的手」(An Invisible

---

[40]鄧小平的理論基礎源自孫中山思想，鄧小平也是孫中山先生的
信徒。
[41]中國經濟思想主張適度的政府，而不是最少的政府或最大的政
府。亞當・史密斯的思想是政府經濟的中立性，而中國文化的政
府經濟則需扮演著積極的角色。

Hand)，它也是中國經濟發展的主要動力。

2002 年，台灣與中國大陸都同時進入了「世界貿易組織」。這兩個經濟體都朝向經濟國際化的途徑走，彼此也發揮了大衛‧李嘉圖(David Ricardo, 1772-1823) 比較經濟利益的互利原則。她們也已貢獻了國際自由經濟。

2002 年中國大陸對外貿易表現甚佳。「入世」後的第一年外貿總額為六千二百零七億九千萬美元，比 2002 年成長了百分之二十一點八。根據中國海關統計，該年的出口額為三千二百五十五億七千萬美元，進口額為二千九百五十二億二千萬美元，順差為三百零三億五千萬美元貿易；數字擴大，這已如前述。[42]「入世」後，出口以輕工業成品為主取代初級產品；輕工業產品如紡織業、服飾業、塑膠業、鞋業、玩具業等勞力密集的產品出口成長率增高；在進口方面，農礦等初級產業不斷成長以及取代機電產品的進口。日本、美國、歐盟、台灣為中國的四大貿易夥伴。

東北亞是當前世界第三大經濟區域，在這個二十一世紀裡，東北亞經濟圈、北美經濟圈、歐盟經濟圈等將發展開強勁的競爭與合作關係。東北亞經濟的中國、日本、台灣、香港、新加坡等地的經濟力量將影響世界，其中華人地區的經濟力量自當將更是舉足輕重。「華人經濟圈」的中國大陸、台灣、香港，新加坡以及全球（尤其是東南亞）

---

[42] 中國海關統計，2006。

的華人經濟將自然結合，因而形成令一個重要但不拘形式
的「中華經濟體」。[43]

　　台灣與中國大陸的經濟關係成長快速，就以 2002 年
（「入世」後第一年）彼此的關係為例，兩岸的對外貿易總
額高達四百一十億美元，比 2001 年成長了百分之三十六點
九，其中台灣對中國大陸的進口為七十九點四七億美元，
台灣對中國大陸的出口為三百三十點五九億美元，台灣對
中國大陸出超額高達二百五十一點一二億美元，就台灣對
中國大陸的貿易總額四百一十億美元而言，2002 年已超過
美國，成為台灣對外貿易的第一大夥伴。[44]其中出口佔台灣
對外出口百分之二十五點三以上。台灣成為中國大陸第四
大貿易夥伴和第二大進口市場。然而台灣二〇〇五年對外
貿易總額為三千七多億美元，出超七十七點九億美元。[45]

　　台灣對外貿易的重點似乎已從美國、西歐逐漸轉移到
亞洲，2001 年對亞洲地區的比重為百分之五十，2002 年則
增至百分之六十。[46]其中的重要因素是對中國大陸貿易比重
的增加，對東協各國貿易同期則增加百分之三點七；這一
方面華僑經濟力量的貢獻最多。[47]這個經濟統計也多少顯示

---

[43]中華經濟圈有異於中國經濟圈。
[44]中國海關統計，2006。
[45]同前註。
[46]中華民國財政部，海關進出口貿易概況，2006 年發佈。
[47]同前註。

「中華經濟圈」的逐漸形成。若與 2001 年的經濟統計相比較，台灣對香港成長百分之十四點五，對中國大陸成長百分之一百零九點八，對韓國則增加百分之十八點一，對美國、歐洲、日本的貿易額則分別減少百分之三點二、百分之六點三、百分之六等。[48]2005 年台灣對亞洲的貿易比重為百分之六十七點五，其中對中國大陸的比重為百分之十六點四，對日本的比重也高達百分之十六點二。

六、台灣與中華經濟圈

「中華經濟圈」的自然形成已引世人注目。在這個二十一世紀裡，其發展潛力將超越日本所主導的「東亞經濟圈」。台灣經濟的重點應自然而然、順理成章的輾轉進入「中華經濟圈」，而且成為該經濟圈的重要成員，但當前台灣的政治則欲使之遠離「中華經濟圈」，進而持續成為「東亞經濟圈」的主力範圍；若從取向長期觀看這種作法將很難得

---

[48]同前註。

遲。[49]

「中華經濟圈」的經濟生命力甚為旺盛,就以此地區
出口總額來說,過去四年總出口與全球出口相比,已從百
分之六點九增加至九點六,超過日本。時至 2007 年,將再
增至百分之十三點七。那時「中華經濟圈」的進出口貿易
總額將超過二兆美元,此一數字將超國日本的兩倍,也約
為美國購買力的百分之六十以上。[50]台灣經濟雖以脫離「中
華經濟圈」,那些所謂的南向政策(指台灣與東南亞的經濟
與貿易關係)或朝向中南美洲、非洲的經貿導向政策將是
事倍功半,不合經濟學原理。以今日台灣經濟來說,若要
發展台灣成為亞太營運中心(Asian Pacific Operation
Center),則是讓國際市場經濟力量去自然以達成。[51]

雖然「全方位」的台灣對外貿易政策是必然而且是必
要的政策。具體的說讓國際市場經濟去運作比之以國家主
義的經濟導向有意義的多了。

---

[49]目前台灣政治因素是短期的,其經濟因素才是長期的發展指標。
[50]美國《商業周刊》(2002 年十二月二日)以七頁的篇幅報導未來
世界經濟超強-中華經濟圈。
[51]亞太營運中心這個概念是 1988 年行政院經濟建設委員會官員
葉萬安先生等人提出。

　　在這個二十一世紀裡，國際霸權主義、國際集體主義、國際國家主義的時代勢將成為過去，取而代之的是區域經濟統合。但是隨著市場經濟全球化的發展趨勢，這個崛起的區域經濟統合將與全球自由化的市場經濟相結合，這是全球化本土主義(Glocalism)價值觀的新潮流。基於這個認識，台灣經濟與亞太經濟合作(APEC)的關係將愈形密切，其本來對外經濟關係將依過去發展的經濟關係，加強與美國、日本、中國大陸(包括香港)的關係，但其重點也將有所轉移至中國大陸。過去的台灣經濟依賴美國的出口和日本的進口，而美國與日本分居台灣第一、第二貿易夥伴，這個形式明顯地將被中國大陸所取代。2002 年以後，中國大陸已經是台灣第一貿易夥伴，尤其是中國大陸對美國大量的出超。這個發展趨勢仍然持續一段時間。中國大陸對台灣大量的進口，並大量對美國出口賺取巨額的外匯，這個經濟貿易的形勢正如台灣對日本的進口，對美國的出口一樣，主要的原因是台灣與日本的產業結構是互補的關係，台灣與中國大陸也是如此。台灣對日本產品的長期依賴以眾所皆知，而中國大陸對台灣產品的需求勢將隨著彼此產業結構的調整而有所改善；換言之，中國大陸經濟轉型快速將使台灣經濟在「比較利益原則」中失去對中國大陸的優勢，而台灣以外貿來帶動其經濟發展的模式將面對著嚴峻的考驗。具體的說，台灣經濟結構若無具體改善，台灣總體以外貿為導向的經濟發展模式將發生變化。這或

許是台灣經濟奇蹟的時代已將過去,台灣經濟將失去往日的驕傲。面對著增強中的中國經濟,台灣政治與經濟的優勢相對的降低,而此相對的形勢將日漸明顯。

　　台灣經濟對中國經濟的依賴這是政治經濟形勢的必然;台灣的經濟奇蹟表現本是歷史的偶然現象。相對的,台灣納入「中華經濟圈」的形勢日益明朗,這已如前述。然而,日本所主導的東亞經濟圈已盛行於二十世紀五十年,在二十一世紀裡仍將屹立於這個世界。台灣與日本經濟關係仍將維持著相當密切的關係,但部分經濟因素將被「中華經濟圈」所取代。台灣與美國經濟關係也將繼續加強,這是歷史性的因素,但多少也會對中國經濟有所影響。台灣與中國大陸的經濟關係的日益加強,這不只是經濟學上「比較經濟利益的原則」所使然,它還有許多人文與社會的因素,這已超越本論文討論的範圍。

　　台灣與日本的經濟關係一向是互補的。幾十年來台灣從日本進口資本設備和工業原料,並且在台灣「再加工」的優越條件,將製造成品向美國、歐洲出口,這個形勢暫時難有改變,日本仍然持續是台灣最大的進口國家和三大對外貿易夥伴之一。可是我們可以明確的台灣與美國的經貿關係勢將繼續良好。美國曾是台灣對外貿易最大的出超國,最近才被中國大陸所取代;但是從美國與台灣對外貿

易結構看來,彼此仍將繼續成為經濟互補的現象,短期內似難有改變。

2002 年中國大陸的經濟成長為百分之九點五,由於財政的赤字以及失業率的雙重考量,中國大陸必須維持高的成長率,才能減輕這些經濟的困境,因此在 2020 年前中國大陸要維持百分之八的經濟成長率的基準點;2020 年以後則可維持再百分之六至百分之七之間。若此目標可達成,2030 年,中國經濟將居全球第二位,僅次於美國。這個統計,是以 2002 年中國經濟居全球第六位,2006 年再升為第四位。預估於 2020 年應可向前提昇至全球排名前第三位。[52]

2020 年的中國大陸經濟,其國民生產毛額估計約為 2000 年的四倍(2000 年國民生產毛額為一兆美元),而預估西元 2050 年中國國民生產毛額將又為 2020 年的四倍。中國人口總數在 2050 年將控制於十六億以內。由於人口總數仍然偏高,中國人民的平均國民總生產仍然相對的偏低,換言之,2000 年約為八百五十美元,2006 年約為一千

---

[52]中國國家信息中心首席經濟師梁優彩等人於 2003 年元月發表「未來五十年中國經濟增長軌跡」報告。

兩百美元，2020 年約為三千美元左右。[53]此一水準仍然無法與現在的已開發國家的北美、西歐相比較。

　　台灣經濟與東南亞的關係有賴華僑的中間橋樑作用，華僑經濟力量在東南亞是舉足經重的。台灣早期（1960 年、1970 年代）的經濟發展多少是要依靠華僑的資金，隨著東亞地區經濟發展相對的遲緩，台灣經濟發展於是已有超前的事實，東南亞資金及貿易重要性則相對明顯降低。2000 年代，東亞經濟發展以將快速，這個地區的經濟將逐漸重要。東南亞地區人口眾多，天然資源豐富，況且均屬於開發中的國家經濟，也是中國、日本、西歐、北美等重要國家經濟介入的重要對象，況且還有許多政治利益。台灣與東南亞的經濟一向穩定而且良好，此一形勢也仍將持續成長與發展下去。

七、台灣的經濟發展經驗

---

[53]同前註。

台灣經濟發展的理論與政策亦可供亞太經濟的參考。在這個經濟發展的問題上，有三個力量相互影響，值得探討。

（一）亞當·史密斯所謂「一隻看不見的手」(An Invisible Hand)；市場經濟與私有制度，以利潤為導向，此為經濟發展的「推力」(Pushing Force)。

（二）政府機能，所謂「一隻看得見的手」；因亞當·史密斯(Adam Smith)著作假設的大前提；「道德情操」(Moral Sentiment)的運作若有問題，必須由政府扮演一個角色。亞當·史密斯也重視老百姓做不到的事情，例如：國防、司法、警察，由政府來執行，把國家經濟發展引導到一個正常的途徑，稱為「拉力」(Pulling Force)。

（三）文化與宗教的力量：一般經濟學界忽略的問題，乃是構成經濟發展的「動力」(Driving Force)，可謂「第二隻看不見的手」。

以上所謂的主力、拉力、動力三者(三力)相互影響，且三者配合很好，不衝突，可以造成國家或地區的經濟

發展。[54]

　　從工業革命後的基督教所影響的國家，經濟發展的很好，包括美、德、英、丹麥、瑞典、挪威、荷蘭等國，尤其是美國，發展得特別好，「三力」配合的很好，可以產生良好的經濟發展。[55]戰後，亞太地區台灣、香港等四小龍、日本，可看出市場經濟以「私有財」(Private Goods)為主，施行儒家市場經濟、資本主義，政府扮演很多角色，文化力量，尤其是儒家思想所產生的力量可促成此地區經濟發展；正如前述基督新教地區的經濟發展，含蓋市場經濟、政府經濟、文化經濟；儒家經濟亦同，所謂「三力」合作和諧之下所產生的經濟發展成果。

　　中國近代史上，曾為洋人的統治的許多地區，例如：大連、旅順、天津、上海、廈門、廣州，其經濟發展的特別好，因「文化」因素造成了東西文化的交流，外國人統治的地區，經濟發展的規範得較好，能發揮市場經濟，基本上也是上述「三力」合作的因素。以上海租借為例，法、德、英租借經濟發展的特別好，亦可用此「三力」的因素

---

[54]魏萼，〈經濟中國「三隻手」的思考〉，《中國的崛起與二十一世紀的國際格局》學術研討會，北京大學建校一百週年學術研討會，北京，中國，1998年五月五日。

[55] Weber, Max, The Protestant Ethic and the Spirit of Capitalism, New York: Free Press, 1958.

來解釋。

世界較落後的地區,例如:非洲地區、中南美洲、東南亞國家經濟發展的較差,也可以引申「文化與宗教」的問題,政府拉力可能做得不恰當,文化動力與拉力的影響下,所給予的市場條件不好,這些地區的經濟發展自然不好。[56]

戰後的蘇聯、東歐國家、北韓、越南、古巴,所謂的社會主義國家,經濟發展不好,因市場經濟沒有充分發揮,政府拉力過當,文化所產生的動力無法運作,此情形在一九七八年以前的中國大陸經濟也可得到應證,因「三力」無法調和。

上述所談的三個力量:主力、拉力、動力,若可調和,自然產生一個經濟發展的力量,是促成地區經濟現代化非常重要的因素;否則不然。

再從文化的層面觀之,

(一)就文化而言,基督新教地區的經濟發展非常好,

---

[56] Fanfani, Amintore, Catholicism, Protestant and Capitalism, London: Sheed & Ward, 1935, p. 159.

從十六世紀開始的宗教改革，產生了一個基督新教的文化，此力量使社會價值多元化，人的價值就提高了，很重要的以宗教、文化為主導使市場經濟發揮；人有宗教信仰，行為以道德情操為標準，所表現的市場經濟力量，以市場規律，不會逾越，此就是文化力量去影響市場；另外政府引導的「拉力」就可輔助市場與文化，拉力則站在配角，旨在找出市場經濟裡的適度政府，創造一個基督新教或儒家新教的理想社會。

　　佛教的社會裡，大致分成，1. 南遁派：傾向於出世，重視修身養性，獨善其身。2. 北漸派：傾向於入世，兼善天下。西藏的藏傳佛教和小乘佛教，對於市場的經濟發揮不能淋漓盡致，此區的佛教菩薩有接受奉獻的觀念，認為是被尊重的表現，而奉獻者是功德的表現，此很難產生經濟發展的動力。北漸派的大乘佛教受中國文化的影響，認為人要立功、立德、立言，兼善天下，影響到韓國、日本、台灣，重視服務社會，增加生產與經濟發展有正面的幫助。如此的積極性在佛教的世界裡，小乘佛教相對較少；另以藏傳佛教為例，主要的思想「天人合一」，人生活在佛的境界之中，陶醉在精神生活而非物質生活，亦不利於經濟發展。再說明宗教與文化的意義。天主教文化影響地區有南歐、中南美洲，因基本信念、信仰偶像、神像，不容易產

生價值多元化,市場經濟因此比較不發達。[57]伊斯蘭教有許
多誡律,又經常政教合一,其影響的範圍較封閉、保守,
市場經濟功能發揮不大,主力、拉力、動力都不夠。以道
教為主的經濟區域,重視「天人合一」的哲學,希望大家
做到立功、立德、立言,在求神的保佑,亦是經濟發展很
重要的動力,本身在主力方面不錯,動力也是正面的,主
張政府與百姓融合,但應避免邪教的影響,對經濟發展才
會有正面的意義。以上是從大體上的範圍比較而得的結論。

(二)若將宗教關係分成東方與西方,東方的哲學是「天
人合一」,西方的哲學是「天人分開」,在這可引申到一個
很重要的主題:東方的主流思想即文化調和,西方則不然,
東西方需要溝通。

西方哲學基礎重視「吾愛吾師,更愛真理」,就是大是
大非的概念,從「懷疑論」到「實證論」的科學主義是求
真,引申出法治社會,非人治社會。此二分法的思想,有
異於東方哲學主張「天人合一」的思想,重視人治,因此
法治不發達;主張文化調和的東方,認為若從東方文化出
發,可調和西方,反之不成立。

---

[57] Novak, Michael, The Catholic Ethic and the Spirit of
Capitalism, New York: The Free Press, 1993.

東方在戰後的表現，整個進步及現代化的發展幅度來看，乃是科學結合哲學，宗教方面也是能哲學化，這是未來發展的趨勢，希望二十一世紀能看到東西整合，和平相處共存共容。

整合的定義，以亞太地區為例，從文化的整合，看科學、哲學、宗教。戰後台灣以中國文化的儒家思想為主，強調三個穩定 1. 政治穩定 2. 經濟穩定 3. 社會穩定為前提，老百姓追求利潤最大，發揮市場經濟功能，政府也扮演很重要的角色，例如土地改革，可看出台灣「三力」配合非常好，實施六個四年經濟計劃、十大建設、十二項綜合建設，1980 年代強調經濟自由化問題，減少政府干預，因老百姓知識水準提高，市場經濟可充分的發展、降低關稅、從事國際活動，從政府拉力培養主力，三力的配合，扮演適度的政府，造成經濟發展，但近年來的台灣也產生 1. 社會暴力 2. 環境污染化 3. 政治金錢化 4. 文化色情化 5. 經濟空洞化，此「五化」的副作用，台灣經濟成長雖然沒有十全十美，但方向是明確的，依然在理性的發展。

1978 年後，中國大陸採取經濟改革方向，培養市場經濟制度，即經濟發展的主力，此外中國大陸的重視中國文化和宗教開放，經濟發展的動力開始促成，如今正在檢討政府是否管得太多。觀看近二十年的路線，及配合上述的

理論:「主力、拉力、動力」(三力)的方向。可看出中國
大陸經濟發展是有希望的。

　　儒家文化經濟圈諸國,在「主力、拉力、動力」大意
一樣,但小細節不同,例如日本儒家思想重視「忠」、「武
士道精神」,適合技術密集、資本密集產業,所以日本的國
營事業比重較低。台灣重視「孝」、「勤儉持家」的重要,
適合中小企業、家族企業;政府的國營事業很重要,扮演
的角色與日本的不同。南韓介於兩者之間,經濟因此經常
產生偏差,所以經濟發展不如日本、台灣。中國大陸近二
十年來發展勞力密集企業,因過去重視政府企業,所以在
技術、資本密集的企業有基礎,現在經濟發展很好。新加
坡是海島型國家,政府主導非常厲害,吸收東西文化,確
保市場經濟的功能。香港因其為殖民地,重視守法觀念,
發展第三產業,貿易發達,「三力」兼而有之。

　　中國大陸在 1978 年後,改革開放,近年來中共當局如
江澤民談話:「實事求是,解放思想」,乃是從主力、拉力、
動力整體的重新組合,會產生正面的經濟發展。

　　從歷史角度看,當文化整合出一條大路時,造就所謂
的中國強大禮儀之邦,例如周初、漢初、唐初、清初等時
代。1997 年後,中國大陸整合出系統理念,此台灣與大陸

政策趨同;「三力」趨同後,可引導世界。若脫離此軌道,
經濟發展不好。此外,中國社會裡,希望有一個道教文藝
復興,使道教能從價值判斷,引導中國人的行為。所以道
教的改革有助於「三力」的結合及中國現代化,健康的邁
向二十一世紀,也有助於世界和平、安定與人類的福祉。

八、結語

　　台灣要成為亞太地區經濟的營運中心是有此能力的。[58]
台灣在貿易、投資、航空、航海、銀行、保險、科技等等
方面的國際化有傑出的表現,此使台灣在經濟比較利益的
原則下,成為世界各國經濟的舞台之一,特別是台灣的高
雄港最具潛力;高雄港十幾年來皆是全世界前三名的貨櫃
集散地。台灣目前是全球第十三大貿易體,台灣天然資源

---

[58]行政院經濟建設委員會,《亞太營運中心之路》,台北:時報文
化事業公司,1998 年。

有限，但人力資源甚為充沛；由於其地理位置優越，位於歐亞美三大洲重要經濟板塊的交通要道上面，有利於經濟的國際化。若是台灣經濟發展方向正確，復加之政治與社會的穩定，促使台灣擁抱國際經濟、走出國際經濟、貢獻國際經濟的機會就大大增加。

台灣經濟與大陸經濟逐漸的相結合，這是亞洲形勢的大必然。台灣對大陸經濟的相對優勢已逐漸降低，然而就人均國民所得來說，在未來的五十年台灣仍然大幅度的領先中國大陸。中國大陸在產業結構上的平衡發展，這與中共建國初期重視重工業有關係，但與傳統中國文化中視產業多元化也是有關係的。台灣儒家文化思想和海島經濟的因素由民間發展資本密集的產業經濟的可能性較低。台灣與大陸經濟構成互補的關係勢將長期持續，而台灣對中國大陸的投資與貿易關係也將逐年加強。台灣不但有形的幫助了中國大陸的經濟發展，也無形的幫助了中國大陸經貿政策的理性化。中國大陸經濟制度邁向市場經濟是一條不歸路，此受多種因素造成的，這包括中國文化中的市場經濟和私有財產制度大洪流的力量和西方成功的市場經濟經驗所改造的。

台灣經濟自由化可使台灣市場經濟與世界經濟接軌。台灣經濟發展模式已被世界經濟學者所認同。台灣經濟在

亞洲經濟合作與整合中的角色甚為重要。台灣將與「中華
經濟圈」依賴度將相對的逐漸增加，這並不表示台灣「東
亞經濟圈」的關係大幅減少。五十年內台灣一定可列入經
濟已開發地區的行列，而中國大陸經濟仍然是中度開發中
國家經濟。日本與中國大陸經濟互補性仍甚強勁，台灣與
她們將長期構成依存的關係。

　　進入「世界經貿組織」以後，對台灣經濟發展是有利
的。起初，台灣的農副產品難免遭受到衝擊，從長期看，
台灣經濟競爭能力仍將更強勁；中國大陸亦復如此。台灣
與中國大陸經濟的國際化勢不可擋，這對亞洲經濟合作與
經濟整合當然都有正面意義。另外，台灣經濟發展經驗的
「三力」理論與政策也可提供亞太國家的參考。

參考文獻

Fanfani，Amintore，Catholicism，Protestant and
　　　Capitalism，London：Sheed & Ward，1935.

Weber，Max，The Protestant Ethic and the Spirit of
　　　Capitalism，New York：Free Press，1958.

Wei，Wou，Capitalism：A Chinese Vision，Center for East Asia Studies，Ohio State University，Columbia，Ohio，1992.

Novak， Michael，<u>The Catholic Ethic and the Spirit of Capitalism</u>，New York：The Free Press，1993.

海外公報館，《大韓民國》，漢城：翰林出版公司，1994.

奈思比(John Naisbitt)著，林蔭應譯，《亞洲大趨勢》(Megatrends Asia)，台北：天下文化出版社，1996年。該著作原於美國 Nicholas Brealey Publishing Ltd.，1995.

行政院經濟建設委員會，《亞太營運中心之路》，台北：時報文化事業公司，1998.

于宗先、葉萬安、侯家駒、魏萼等四人，「東亞金融危機給予的啟示」訪問報告，1998.

魏萼，〈經濟中國「三隻手」的思考〉，1998.

魏萼，《中國國富論》(一個富有中國特色的新國富論)，台北：時報出版事業公司，2000.

魏萼，《中國國富論》（經濟中國的第三隻手），台北：時報
　　文化出版公司，2000.

Glenn Jerome C and Theodore J. Gordon，State of the
　　Future at the Millennium，American Council
　　for the United Nations University（The
　　Millennium Project），Washington D. C. and
　　New York，U. S. A.，2001.

Allen T. Cheng，(China' s hidden agenda?)，Asia-Inc.，
(Nov-Dec.)，Singapore，2002.

美國《商業周刊》，2002.

梁優彩等人，「未來五十年中國經濟增長軌跡」報告，2003.

北京：中國統計年鑑，2006.

中華民國財政部：http://www. mof. gov. tw/mp. asp?mp=1

中國海關：http://www. customs. gov. cn/

行政院經濟建設委員會：
http://www. cepd. gov. tw/index. jsp

Taiwan's Role in Asian-Pacific Economic Community

Wei wou

Abstract

The combination of Taiwan and Chinese in economy will be essential. The development of industry in balance related valuing industry in building China initially for Chinese Communist and being universe in industry in Chinese culture. The possibility would be lower for developing dense capital industrial economy under Taiwan Confucianism and economy of island. Therefore, the complementary relationship in economy for Taiwan and Mainland China will be higher in future.

Keywords: Taiwan economy, Chinese economy, structure of industry

以無線感測器網路及嵌入式設備建立即時環境監測系統

洪耀明[1]
明道管理學院資工系助理教授
甘堯江[2]
銘傳大學電通系助理教授
陳映熾[3]
明道管理學院材料所研究生
吳家駒[4]
明道管理學院管理研究所研究生
陳少鈞[5]
明道管理學院管理研究所研究生

摘要

近年來資訊科技快速進步,使無線感測器網路在環境監測應用日漸廣泛,特別是透過所銜接的感測模組,即可監測各項環境參數如溫度、溼度、車輛流動、壓力、速度及方向等。因此無線感測器網路無論在通訊、國防軍事、電腦網路、家庭自動化、保全偵測系統、環境監控及個人醫療照護等領域,都非常具有應用之潛力。而台灣夏秋之際多颱風豪雨,經常帶來嚴重災害,為使災害發生前或發生時能立即通知民眾疏散,則需要有完善的預警措施。基本上用來偵測坡地安全設備為雨量筒及水位計,因此本研究整合嵌入式設備及無線感測器網路設備,建立環境監測設備,再配合於明道管理學院建立接收與展示網站,提供使用者之即時監測。本系統除於明道管理學院測試成功外,並於玉山國家公園塔塔加石山服務區以嵌入式設備設置雨量觀測站,及霧社水庫以無線感測器網路設置地下水位及雨量觀測網,經長期測試各站之訊號接收與傳輸均達到穩定之要求。

關鍵詞:無線感測器網路 嵌入式系統 即時系統 環境監測

一、前言

　　台灣地區有 3/4 的面積為山坡地及高山，僅有 1/4 為平原地區，可供人為利用的地區不到 90 萬公頃。由於人口不斷增加，可利用的地區日益飽和，使得山坡地或丘陵台地之使用成為必然之趨勢。每年颱風挾帶大量的雨水使台灣地區的水資源不虞匱乏，但過多的雨水卻也造成台灣的天然災害，傾盆而下的雨水，不僅造成低窪地區嚴重的水災，同時雨水也大量的滲入到土壤岩盤，使得土壤岩盤之水壓力增加並減弱土壤強度，而使得邊坡穩定性大幅度的降低；山洪沖刷河床、溪岸，也使溪流兩岸的邊坡遭受嚴重的沖蝕，因此河岸崩塌遂常伴隨颱風豪雨而來。第 1、2 級河川之河岸崩塌所產生的大量土石常堆積於溪床上，也因而提供了土石流所需的材料來源，故在颱風暴雨期間易誘發土石流。加上國人水土保持觀念不足，不重視山坡地保育工作，因此在颱風暴雨期間常有災害發生，近年來尤以土石流、崩塌及地滑災害最為頻繁。

　　有關崩塌區的監測，可分地表監測與滑動面監測，最常見的是雨量計及地下水位計，[1]經由長期量測降雨量與坡

1　參閱：洪耀明、王晉倫、閻嘉義、徐勝斌、許祐郎（2005），「應

地地下水位,可以得知降雨量與坡地地下水位關係,再進一步求算危險地下水位,便可以在地下水位到達危險水位時,透過警報系統發出警訊,[2]但這些措施需要建立即時傳輸系統。而關於崩塌地監測資料之即時傳輸,由於網際網路興起,目前已經可以利用有線傳輸、Global System for Mobile Communications (GSM)、General Packet Radio Services (GPRS)或衛星傳輸方式,即時將監測資料傳回管制中心,管制中心可即時研判崩塌地之危險性,即時通知崩塌地下游居民進行疏善工作。但由於無線監測地點無市電及固定網路系統,需耗費大量經費與建供電系統及傳輸系統,因此佈置即時監測系統需投入大量資金。

此外由於無線技術與嵌入式系統之快速發展,促成了無線感測網路(Wireless Sensor Network, WSN)之興起,[3]WSN 是由一到數個無線資料收集器以及眾多的感測器所構成,通常用來偵測環境所發生的變化及產生可量測的回

用無線網路及網路地理資訊系統於土石流移動監測」,九十四年電子計算機於土木水利工程應用研討會論文,P. 97~P. 102。

[2] 參閱:蘇苗彬(2003),梨山地區地層滑動整治計畫成果報告,行政院農委會水土保持局委託計畫成果報告書。

[3] 參閱:洪耀明、陳筵昌、洪清水、胡鐵艦、蘇苗彬(2006),即時嵌入式系統在降雨深度及地下水位監測之應用,第十五屆水利工程研討會論文,P. B180-P. B186。

應，而與其他感測器元件間的通訊方式採用無線網路互相
傳遞資料。在無線感測網路的架構下，透過所銜接的感測
模組，可監測例如溫度、溼度、車輛流動、壓力、速度及
方向等參數，因此無論在通訊、國防軍事、電腦網路、家
庭自動化、保全偵測系統、環境監控及個人醫療照護等領
域，都非常具有應用之潛力。[4、5]

　　因此若能利用 GPRS 進行無線資料傳輸，再以太陽能
提供無線感測器網路節點及傳輸站之電力，或可大大降低
監測站設置成本，提供危險坡地一個通用安裝模組。因此
本研究整合嵌入式設備、無線感測器網路、基地台訊息接
收及網路程式撰寫，建立一套適用於坡地環境監測模組，
先於明道管理學院建立試驗場進行系統穩定測試後，再於
陳有蘭溪上游塔塔加地區建立嵌入式設備所架構之雨量
站，及霧社水庫下游地滑地建立降雨及地下水位監測站，
以證實本研究之可行性。

[4] 參閱：Akyildiz I.F., Su W., Sankarasubramaniam Y., Cayirci E. (2002), Wireless sensor networks: a survey, Computer Networks, 38, 393 - 422.

[5] 參閱：Akyildiz I. F., Stuntebeck E. P. (2006), Wireless underground sensor networks : Research challenges, Ad Hoc Networks, 4, 669 - 686.

二、系統架構

2.1 環境監測位置

　　降雨量為水利工程設計之重要資料，資料不足所推算之暴雨量就有誤差，呂鴻廷等(2005)[6]採用區域化變數中之克利法推估增設雨量站位置，並以陳有蘭溪為對象，推得TM2 度座標(232000, 2612000)塔塔加附近增設雨量站，將使全域克利金變異數最小，表示此位置為陳有蘭溪最佳雨量站設置位置，因此本研究採用此座標增設雨量站。

　　霧社水庫集水區面積為 20, 483 公頃。台灣電力公司於 1959 年八月完成水埧，開始發電並納入日月潭發電系統。霧社水力發電工程為濁水溪日月潭電力系統之一環，位於濁水溪上游海拔 1, 000 公尺左右之萬大山區，屬南投縣仁愛鄉。主要工程為築高 114 公尺之曲線重力式混凝土埧，以攔截霧社溪水流，使萬大與霧社間約 10 公里之河流

---

[6] 參閱：呂鴻廷、洪耀明、呂建華（2006），「克利金法於雨量站增設之研究－以陳有蘭溪為對象」，第十五屆水利工程研討會論文，P. S80–P. S87。

形成一大水庫，總儲水量為一億四千六百立方公尺。進水口設於大壩上游右岸，引進之水經長約 380 公尺的壓力隧道，穿山越溪後進入壩下游左岸之萬大發電廠發電。發電後的尾水洩入濁水溪，至武界進水口導入日月潭。霧社水庫之完成，除直接增加萬大電廠發電量兩萬餘瓩外，其下游日月潭之大觀、鉅工二大發電廠，也因有霧社水庫之調節而提高其引水量，增加可靠電力達四萬二千瓩，故經濟價值甚大。

　　但目前在其壩址下方出口處右側邊坡呈現部份滑動現象，為長期監控此滑動面，霧社水庫以建立了五個地下水觀測井，如圖 1 所示。圖 1 位於霧社水庫壩址下游右岸，霧社電廠則位於左岸，現場有三處崩塌地，崩塌地滑動除會造成通往奧萬大道路中斷之外，可能會因為土石堆積河床造成流路阻塞而無法排洪，因此霧社水庫管理局對此崩塌地極為重視。

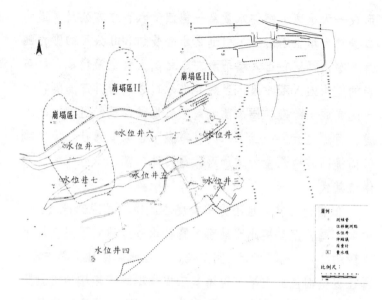

圖1 霧社壩右山脊邊坡地形及現有監測系統平面位置圖

　　除設置七處地下水位井外，尚有其他監測設備如表1所示，以長期監測各項地滑地參數。

表 1 霧社水庫監測系統

設施名稱	數量
地表傾斜儀	19
地表伸縮計	2

地下水位觀測井	7
位移觀測點	41
量水堰	4
荷重計(50T)	5
荷重計(100T)	8
鋼筋應力計組數（每組6點）	4

經實地訪查該崩塌地後有下列問題：

(1) 該監測站處因為所有設施均須依靠人工至現場進行資料收集，因此無法於豪雨時期偵測各項即時參數。

(2) 該處並無雨量站設置，無法進行降雨與地下水位關係模擬。

(3) 長期觀測數據並無進行分析。

因此本研究於此處先行設置雨量站及地下水位站，進

行該處觀測資料之即時傳輸與分析。

2.2 即時系統元件說明

坡地環境監控可視為一個即時反應系統,[7]其相關配置如圖
2,依各元件說明如下:

[7] 參閱:洪耀明、陳筵昌、洪清水、胡鐵艦、蘇苗彬（2006）,
即時嵌入式系統在降雨深度及地下水位監測之應用,第十五屆
水利工程研討會論文,P. B180-P. B186。

圖 2 即時系統控制程序

(a)感測器研究：本研究採用雨量筒及地下水位計。

(b)感測器與感測器控制器訊號傳輸：本研究採用無線感測器網路(Wireless Sensor Network, WSN)與 Gateway 銜接模式。

(c)感測器控制器與資料處理器訊號傳輸： Gateway 與基地台可採用 GPRS 模式。

(d)資料處理器與觸動器控制器訊號傳輸：例如基地台資料儲存、展示、分析處理及訊號接收與傳輸。

(e)觸動器控制器與觸動器訊號傳輸：例如現場中繼站接收到危險通知後，則立即關閉閘門。

(f)觸動器研究：例如疏散路線等。

綜合上述，可得知坡地環境監測系統研究室一個跨電機、資訊及土木水利領域之研究範疇。

2.3 系統架構

本研究考量山坡地供電不易且氣候條件惡劣，因此採用採用耗電量低且穩定性高之嵌入式系統(embedded system)與雨量筒及地下水位計銜接，以讀取計數器或電壓回傳訊號，採用太陽能供電系統進行供電；此外透過遍佈全島之基地台，採用費率低廉的 GPRS 進行資料傳輸。經於

明道管理學院測試成功後，於塔塔加設立即時雨量觀測站，上述研究方式適合於單點資料收集，其系統架構如圖3所示之塔塔加雨量站傳輸模式。

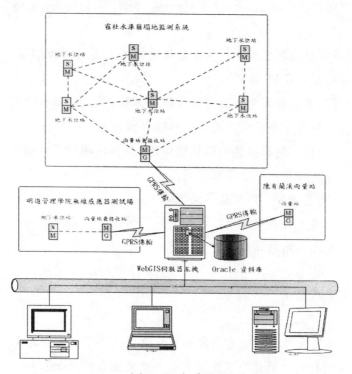

圖 3 即時系統模型

雨量資料被嵌入式設備接收後，透過 GPRS Modern 將資料直接傳回基地台，基地台撰寫 Socket 程式接收後，再透過資料庫建立及網頁程式撰寫，建立即時查詢系統提供

查詢。但若鄰近區域有多點或多項設備需要監測時，則單點傳輸模式就顯得不夠經濟，此時可利用 WSN 之多點跳躍傳輸(multi-hop)特性，形成區域無線感測網路，如圖 3 霧社水庫崩塌地監測模式，可降低大量 GPRS 設備傳輸成本及供電成本。整個系統採用三層式（three tier）架構，其中包含三個子系統，分別陳有蘭溪集水區雨量站、明道管理學院無線感應器測試場、霧社水庫所之雨量站及地下水位站。所有子系統經 GPRS 傳輸至基地台，再輸入至原有建好之資料庫，而使用者可以經由乙太網路查詢即時之降雨與地下水位資訊。

三、系統設備

3.1 前端感測器

圖 4(a) 為為 DAVIS 公司所製造的 RainCollectorII 雨量筒，本雨量筒是由一漏斗型之套筒中間有一小孔，當降雨時雨水會隨著小孔流入筒內之傾斗內，此類型為傾斗式雨量筒（Tipping-bucket Rain Gages），適合測量在區段時間內之降雨深度，當雨水到達水深 0.2mm 水量時集水

器漏斗就會自行作動，並且導通一次電路使得計數器累加。

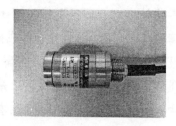

(a) DAVIS 公司雨量筒　　(b)Tokyo Sokki Kenkyujo 公司孔隙水壓計

圖4 感測器設備

　　圖 4(b) 為 Tokyo Sokki Kenkyujo 公司所製造 KPA-200KPA 孔隙水壓計。本研究使用 10V 的直流電壓輸入於孔隙水壓計進行地下水位率定，經由地下水位水深高低變化不同，使孔隙水壓計回傳一微量電壓（μV），並將接收到的量測電壓值經過放大計算求得，假設水深為 h (cm)、電壓為 v (mV)，則水深與電壓之關係如下，可做為電壓與水深換算之用。

$$h = 218.564v - 460.475 \ (R^2) = 0.999 \quad (1)$$

3.2 無線感測器網路

　　本研究採用Crossbow公司非 ZigBee 規範及P2P(point to point)傳輸的 WSN 設備如圖5，圖5(a)為型號 MPR410（Mote Processor Radio），通訊頻道為 433MHz，分為 Mote

board 及 Sensor board，圖 5(b)為 MPR410 架構圖，可得
知 Mote 本身只有 I/O(Input/Output)訊號處理、訊號傳
遞、微處理及可程式化的功能，並沒有感測器(Sensor)的
功能，必須外接感測器將資訊透過 Mote I/O 做微處理控
制。本研究只需要 mote 板即可。MPR410 因頻率較短波長
較長，穿透力較佳，適合於有障礙物或下雨時之傳輸，因
此適合應用在環境監測中；電源需求只需兩個 AA 電池
2.7~3.6V 電力供應即可達數月以上的生命週期，並且在程
式內設定天線功率如 433MHz 有-20、-10、0 及 10(dBm)四
種選擇，相對選擇越高的天線功率，電力消耗功率也相對
提高，

　　無線感測器網路接收設備稱為 Gateway，本研究採用
MIB510 如圖 5(c)所示，MIB510 因本身無訊號傳遞的功能，
因此必需額外裝設 Mote 傳輸設備。

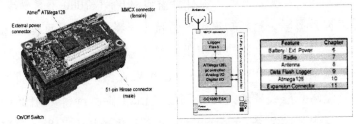

(a)MPR410（Mote Processor　(b) MPR410 架構圖
　　　　Radio）

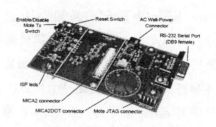

(c)Gateway MIB510

圖 5 無線感測器網路(資料來源：Crossbow)[8]

3.3 中繼站設備

(1) 嵌入式設備

　　監測地區環境氣候早晚溫差變化大、濕氣重且無電源供應，本研究使用泓格公司之嵌入式設備 I-7000 系列做為 Gateway 處理接收傳送資料設備如圖 6，I-7000 不易受環境因素影響、消耗功率低、體積小、穩定性高且可程式化之優點，採用太陽能電板供電即可。圖 6(a) 之 I-7188 含有微電腦 80188、EEPROM、Flash Memory、SRAM 及時間，可編寫 C 程式碼燒入於 I-7188 Flash Memory 中，MIB510 可經由 RS232 將 Remote Sensor 資料傳送給 I-7188，同時 I-7188 可外接 I-7016D 模組(圖 6(b))將雨量計數值透過

---

[8] 參閱：Crossbow，http://www.xbow.com.

124

RS485 傳回 I-7188 及穩壓工作。此外 I-7188 可透過圖 6(c)
之 GPRS Modern 將資料傳送給 Server 資料庫。

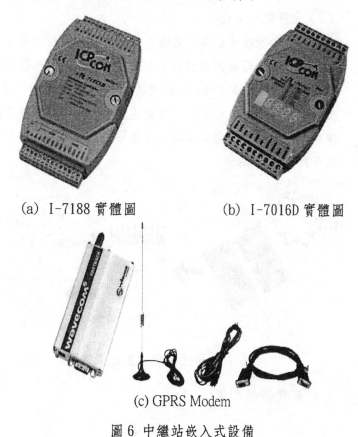

(a) I-7188 實體圖　　　　(b) I-7016D 實體圖

(c) GPRS Modem

圖 6 中繼站嵌入式設備

---

9 參閱：ICPDAS，http://www.icpdas.com.tw/index_c.htm

（資料來源：ICPDAS）[9]

（2）太陽能供電設備

在地勢險峻地區無市電提供的情況下，架設太陽能系統吸收太陽的輻射能轉變成電力經由充放電控制器提供給負載如 Gateway 與 GPRS 設備使用，而多餘電力將轉而儲存於蓄電池中，當氣候不佳太陽能電板電力無法提供給負載使用時就轉而經由蓄電池電力提供給負載，其系統架構如圖 7 所示。

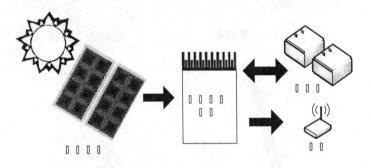

圖 7 太陽能充放電系統架構圖

3.4 整體系統配置

圖 8 為塔塔加嵌入式設備所架構之雨量站配置，圖 8(a) 為整體外觀，包含雨量筒、太陽能電板及控制箱，控制箱

內容如圖 8(b)，包含 GPRS Modern、充放電控制器、蓄電池及嵌入式設備。

(a) 塔塔加雨量站　　　(b) 嵌入式設備配置

圖 8 塔塔加雨量站配置圖

　　霧社水庫系統架構如圖 9 所示，感測器 MPR410 與地下水位計直接連線，透過無線訊號採多點跳躍模式傳遞至接收站；接收站以 I-7188 為主，外接 I-7106 連接雨量計與提供穩定 5V 電壓給 MIB510，同時 I-7188 連接 GPRS Modern，將訊號回傳至接收站，接收站以關聯式資料庫建立資料庫伺服器接收資料，再以 JSP 撰寫網頁程式呼叫資料庫，提供使用者查詢。其中繼站配置如圖 10 所示。

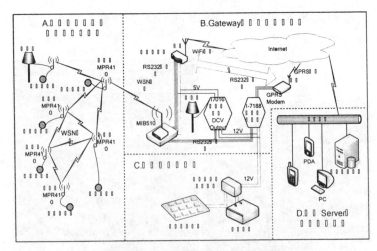

圖 9 霧社水庫系統架構圖

圖 10 霧社水庫中繼站

四、系統開發

4.1 系統程式開發

　　需開發程式包括感測器與無線感測器網路 MPR410 銜接程式、I-7188 控制與資料儲存程式，說明如下：

（1）感測器接收程式說明

　　測試程式將資料擷取後得到之結果如圖 11，為 TinyOS 對 MIB510 讀取資料畫面，其中之長串數字欄位乃為 MIB510 加 MPR410（MICA2）無線感測設備回傳之資料總集。但必需解析其欄位資訊意義才得以使用。

　　輸出成果中，本研究所使用到的為 ID 、Parent、Seq_No、Battery、Rain 及 Water 等。今將訊號說明如下：

a.　ID 為感測器的編號，而一個群組（group）可設定到 255 個編號。

b.　Parent 代表感測器訊號之來源，由於感測器訊號可以經由其他感測器回傳至 Gateway，因此需要知道訊號是由哪一個感測器傳出。

c.　Seq_No 代表感測器本身從起動後開始計算資訊傳輸出去的次數，也就是所發射的次數。

d.　Battery 代表感測器本身的電量，可以將電量資訊回傳

到伺服器，使可以隨時掌握感測器電量生存壽命。

e. Rain 代表的是降雨，直接將雨量筒所感測到的次數直
接顯示。

f. Water 代表的是地下水位的偵測量，直接測得地下水位
計的電壓感測量。

圖 11 感測器數據接收

在使用 TinyOS 對於 Crossbow 之無線感測設備做監控
時，必需先找出其所需要之欄位意義，才得以後續之研究，
其欄位配置如圖 12 所示。

欄位	0	1	2	3	4	5	6	7	8	9	10	11	12	13	14	15	16	17
第3筆	7e	42	7d	5e	00	11	7d	5d	15	00	00	00	00	00	00	00	00	00

Sync_Byte   **ID**

欄位	0	1	2	3	4	5	6	7	8	9	10	11	12	13	14	15	16	17
第5筆	7e	42	7d	5e	00	11	7d	5d	15	00	00	04	00	58	09	00	00	00

18	19	20	21	22	23	24	25	26	27	28	29	30	31	32
00	7d	5e	00	bf	01	80	bc	6d	00	00	b0	01	d5	94 [33]

Parent   **Seq_No & Battery**   **Rain**   **Water**

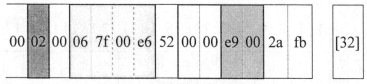

| 00 | 02 | 00 | 06 | 7f | 00 | e6 | 52 | 00 | 00 | e9 | 00 | 2a | fb | | [32] |

圖 12 WSN 回傳資料配置

（2）I-7188 控制與資料儲存程式

以 Turbo C 編寫判斷 GPRS 狀態、控制外接模組及讀取接收資料程式，程式流程如圖 13，分為四個部份：

a.　GPRS Connect State：判斷 GPRS 狀態是否有連結遠端伺服器，如果沒有將重新連結遠端伺服器。

b.　Check Data：確認 RS232 緩衝區中是否有資料，如果有則接收資料，判斷資料是否符合地下水位水深相差 1 公分或者雨量計數器是否有大於 0，如果成立則送出至遠端伺服器，並且判斷是否傳送成功。

c.　Save Data：當重新連結次數 2 次後就將資料儲存在 I7188 內部 Flash Memory 中，並且判斷是否整點，如果整點則重新連線一次。

Restart System：GPRS 重新連結一次無法連結遠端伺服器就重新啟動系統。

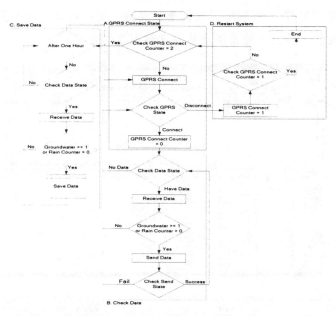

圖 13 I-7188 系統執行流程圖

4.2 基地台網站配置

（1）接收資料管理介面

本研究使用 Visual Basic 編寫監聽程式如圖 14，有四個區塊功能：

a. 設定目前監聽 Port 及開始停止監聽程式。

b. 顯示目前遠端連結 IP，最多可達到 30 組遠端 IP。

c. 顯示接收到的站名、雨量、日期及地下水位等資料存於後端資料庫中。

選擇要控制的遠端 IP 傳送重新開機、更改時間、更改 IP
位置、停止連結及清除接收資料內容的畫面。

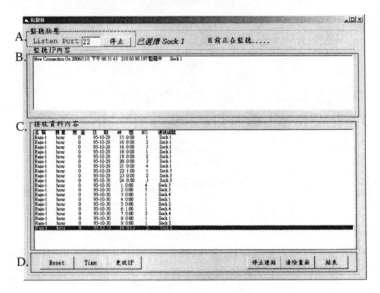

圖 14 監聽介面

（2） 基地台查詢介面

查詢介面在此使用 JSP 語言編寫而後端則使用 Oracle
資料庫，透過 JSP 網頁編輯語言讀取 Oracle 資料，使用者
只需輸入需要查詢的日期範圍即可查詢日雨量、時雨量及
地下水位如圖 15。

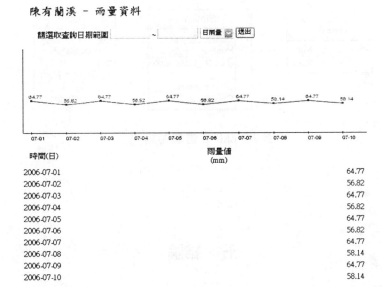

圖 15 查詢介面

（3）後端資料庫

後端資料庫使用 Oracle 庫建置，可直接連接至接收資料檔，圖 16 為資料庫二階正規化後之實體關聯模型(Entity Relation Diagram, ERD)。

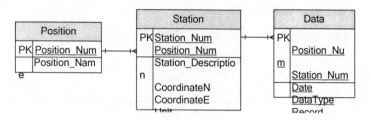

圖 16 ERD 實體關聯模型

五、結論

　　本研究整合兩種設備進行降雨量及地下水位觀測，第一種為嵌入式設備，由於穩定度高、耗電量低，適合提供做為資料擷取及系統控制設備，而且利用太陽能電池模組提供可靠電力即可，同時可透過整合封包無線電服務技術，將資料傳送到監控中心。此外由於微機電與無線通訊技術的進步，產生了耗電量低且能形成多點跳躍傳輸之無線感測器網路，可應用於有密集設備需監測之環境。因此本研究整合無線感測器網路、嵌入式系統設備及整合封包

無線電服務技術，以雨量筒及地下水位計為對象，建立完整的無線感測器網路環境監測系統；經由實際測試發現，當監測範圍小且監測對象多時，無線感測器網路能夠建立密集之多點跳躍傳輸網路，確保傳輸路徑暢通；同時由於耗電量低，可減少設置電力供應設備之費用，達到降低成本之目的，而低價的整合封包無線電服務，也使得即時傳輸費用降低，未來值得推廣與應用。

誌謝

本研究承國科會計畫編號 NSC 94-2625-Z-451-001 之補助，研究期間明道管理學院管理所資管組陳延昌碩士、胡鐵鑑碩士及資工系徐勝彬學士之協助資料整理，在此一併致謝。

參考文獻

Akyildiz I. F., Su W., Sankarasubramaniam Y., Cayirci E., Wireless sensor networks: a survey, Computer Networks, 38, 2002..

Akyildiz I. F., Stuntebeck E. P., Wireless underground

sensor networks : Research challenges, Ad Hoc Networks, 4, 2006.

蘇苗彬，梨山地區地層滑動整治計畫成果報告，行政院農委會水土保持局委託計畫成果報告書，2003。

洪耀明、王晉倫、閻嘉義、徐勝斌、許祐郕，「應用無線網路及網路地理資訊系統於土石流移動監測」，九十四年電子計算機於土木水利工程應用研討會論文，2005。

洪耀明、陳筵昌、洪清水、胡鐵艦、蘇苗彬，即時嵌入式系統在降雨深度及地下水位監測之應用，第十五屆水利工程研討會論文，2006。

呂鴻廷、洪耀明、呂建華，「克利金法於雨量站增設之研究－以陳有蘭溪為對象」，第十五屆水利工程研討會論文，2006。

洪耀明、陳筵昌、洪清水、胡鐵艦、蘇苗彬，即時嵌入式系統在降雨深度及地下水位監測之應用，第十五屆水利工程研討會論文，2006。

Crossbow technology inc. ，http://www. xbow. com.

ICPDAS Co. , Ltd，http://www. icpdas. com. tw/index_c. htm.

Using Wireless Sensor Network and Embedded System on the Establishment of Real-Time Environmental Monitor System

Hong[1] yao-ming, Kan[2] yao-chiang, Chen[3] ying-chi, Wu[4] jia-ju, Chen[4] shao-jun

Abstract

Owing to the rapid development of information technology, wireless sensor network (WSN) is widely used in the application of environmental monitor. Especially through the join of detect module, WSN can immediately monitor various environment parameters, such as temperature, humidity, vehicle fluxion, press, velocity and direction etc. Therefore, WSN have much potential in the application of environmental monitor such as telecommunication, national defense military, computer network, family automation, system detection, environment supervision and personal medical treatment care... etc. In Taiwan, heavy Rainfall often induces serious disasters in summer, and then a perfect emergency system, which can inform people before the disaster occurring, is necessary.

Because that rainfall collector and water level measurement are the basic detection equipments of hillslope safety, this study uses these two tools, the embedded system and the wireless sensor network to establish the environmental monitor equipments of the scene. Then we design a website, located in MingDao University, to receive/display the message from the scene. Firstly, the real-time monitor system is assessed in MingDao University. Secondly, the embedded system is used to set up a rainfall collector in the Dan-shan service center of Yu-Shan national park. Thirdly, we use WSN and the embedded system to build a monitor network which locates in the downstream of Wu-she Dam, and includes groundwater level measurements and rainfall collectors. After a long term experiment of signal receiving and software testing, this system satisfies the demand of stability.

Keywords: wireless sensor network, embedded system, real-time system, environmental monito

意象轉介成設計方法與二元對立下的第三種狀態之創作研究-以服裝設計為例

李玉蓮

明道管理學院時尚造形系

摘要

本研究試圖建立出一種意象轉介成其設計方法，對服裝設計方法進行創作，探討服裝必有之空間性與結構性。藉由疤痕意象為中介，作為聯繫之立基點，提出身體空間與服裝空間的可能性。並以傷口疤痕作為中介引伸出各種空間結構的衍生，藉此導引出一種空間形式的服裝創作元素。疤痕是一種意象的轉換存在身體皮膚上，皮膚經由傷口裂紋、破壞、癒合，演變出另一種新的結構組織--「疤痕」。

疤痕是經由皮膚與傷口，這二元對立所產生出的第三種狀態，這第三種狀態，即中介調和皮膚與傷口這二元對立的狀態。藉由疤痕中介之論點，訴諸於疤痕意象折中調和身體與服裝空間，創造出第三種狀態之中介空間--「褶紋」。身體與服裝本是二元性之個體，二者呈現出一種對比的狀態，服裝經由身體姿態動作產生褶紋，褶紋即是促使身體與服裝發生關係的第三種狀態。因此「褶紋」即是一種中介空間也是服裝空間之具體表現，「褶紋」不斷的折中介入，調和與彌補身體和服裝之間因對比而造成的微弱關係，進而產生一種聯繫。這種互相依存關係，是經由身體動作牽動服裝，讓身體與服裝連繫成一體的狀態，並使內外成為融合不可分的整體。此時身體與服裝的第三種狀態，即是褶紋空隙一種具體的服裝空間。將個人意識用形式呈現，藉由褶紋形式，並結合身體動向之動態，創作出褶之變體衍生與轉化空間。藉由服裝平面即呈現身體動態，以褶紋來呈現服裝空間的流竄與固化。因此褶是空隙，也是服裝空間的一種具體表現，褶紋之創作即為一種服裝空間的創作。

關鍵詞：疤痕、意象、褶紋、中介、中介空間

一、前言

　　本研究試圖對服裝設計方法進行創作以意象轉介成其設計方法，探討服裝必有其空間性（褶）與結構性（1. 依身體結構演化至裁片車縫組成衣服 2. 褶結構）的存在，藉由疤痕意象為中介起點，提出身體空間（身體器官組成形貌為身體空間）與服裝空間（動態褶紋與靜態褶紋）的可能性。以傷口疤痕作為中介質引伸出服裝褶紋空隙之形式與結構，並藉疤痕中介與褶紋中介空間的觀念，藉此提出一種經轉介的服裝空間形式之創作，建立出由意象轉介的設計方法。

　　「疤痕」是一種「中介」，「中介（In-between）」是為折中調和二元對立的現象而提出的中性、介入性之觀念，[1]介入身體與傷口之中，所產生的第三種狀態。這當中以疤痕為「意象」演變出的一種形式的轉換，運用在服裝褶紋空隙之中介空間推演，使疤痕與褶紋為同等中介關係，在二元對立之下所產生的第三種狀態。因此藉由疤痕為意象，來折中調和了身體與服裝這二元性（兩者）之間的對

---

[1] 參閱：孫全文、周宗憲著，《建築中之中介空間》，（台北：胡氏圖書出版，1986），P.8。

立,創造了第三種狀態(即破壞原有結構重新組織新結構,產生新的可能性)。疤痕是一種空間的轉換,它是存在人體皮膚上的一種表徵,也就代表一種過程的紀錄,疤痕是傷口斷裂、肢解、破碎、撕扯、暴力產生的一種傷,這種伸展的場面就出現在身體上。身體是一種經過空間組合過的產物,當身體形貌進入一個有秩序的排列,就能營造出身體空間性,身體空間組成分子為其器官,是各部位的器官。如同夾在身體之外的服裝,起先也是支離破碎的織物一片一片,經車縫後是身體的衣服。衣服是被穿著在身體之外,所以衣服裡面是身體。最先接觸衣服的是皮膚,皮膚存有觸覺感應器觸摸即可知道物體的一切,這當中當然包括與它常接觸的衣服屬性與質感。肌膚也是一種活動體是可以無限多種延展的皮層,在縮收與擴張同時,也會瞬間擠壓服裝的形態。這時出現一種因子稱之為褶紋空隙,它有大小不一的空隙與細縫經由不同的身體姿態,而形成不同服裝空間的轉變,即為褶紋。「褶紋」是一種中介空間,即褶同疤痕;是一種標記與中介空間,使身體與服裝融合共存,附著在衣服與身體的空間相容點。是服裝空間的構成,帶有不規則線性的流暢度,激發人對於服裝空間所存在的空隙美學更能深入的感受。

　　本創作在其結構變化下,背後的形式與內涵是涉入我的記憶、解讀、紀錄、訊息等服裝之議題,這是一種服裝空間的創作,因此以服裝空間為創作本位,將服裝空間即

為褶紋空隙與二元對立下所產生的第三種狀態作為創作主
體。因此在創作中疤痕、身體、褶紋、服裝、空間即提供
服裝設計進行轉介式的設計方法。

二、意象層次間的轉換介入

以疤痕作為啟發脈絡，將疤痕轉介為一種意象存在身
體上的標記，這種標記是自身的意象聯想。而褶紋也是如
同疤痕般是在服裝上以一種標記顯現，這種標記都是一種
轉換中介的新生狀態。是經由身體到服裝為連貫性的層次
轉介，創造出連貫的整體。

(一)疤痕意象之探討

疤痕是一種意象也是一種標記，這種意象的完成必須
「附著」在作為撐戴體的表面上。劃下痛苦的痕跡，這道
痕跡是帶有狂喜和痛苦標記，以個人式的痕跡劃下疤痕。
藝術家也是如此，他們等待著他們個人的撐戴體，以身體
執行繪畫將以身體通過心智，傳達到具體形式表達，這是

一種「整體性的連貫」，使作品通過心理機制之秘密結合為一，化成意象。如英國畫家培根（Francis Bacon）所言：「在畫布上製造出一些無心的記號，而它或許暗示了更具深度的一面，透過這些記號，你捕捉了那令你著迷的真實本身。」[2]因此這也是一種暗示啟發，是一種隱性的形式變化，透過記號或痕跡連貫出整體性，藉由意象為轉介的效應。

1、疤痕意象在藝術方面應用相關理論脈絡

當疤痕不再是疤痕而是疤痕意象時，它應如何現身？這將會是一種自由的變體，也是一種形式變化的暗示，這會經由個人的解讀認知轉化成不同的意象，所呈現出來的記號或標記，進而產生有層次的意象轉移。而藝術家是藉由身體通過畫布，以肢體動作劃下複本意象，這種過程是帶有層次間的轉換，以不同的思路去想一件相同的事件，印烙在每個人繁衍網路織造路線中，劃下一種屬於個人式的意象。在此藝術家以意象為啟發，進而尋找到自我，顯現在物質性空間中，這過程是一種意象的轉介，創造出無限想像空間，因此疤痕將化為一場轉介的力搏。

（1）意象－物理性開刀式的裂傷

由於經過兩次大戰洗劫後，人類心理帶著極大的創

---

[2] David Sylvester 著，陳品秀譯，《培根訪談錄》，（台北：遠流出版，1995），P.56。

傷，使得西方社會在這種創傷中充滿著割裂的思想，深深在藝術家身心上劃下一道精神性的心理疤痕。以致產生了以物理性為攻擊手段，創造出一種割裂式疤痕的「物質繪畫」。其中義大利的布利（Alberto Burri）於一九五零年代左右創作出一種受傷式的疤痕意象，他用粗大針縫合碎布片拼接而成，有時也加入舊布袋之片段等物，以顏料滴於裂隙中，使其看起來像開刀傷口。布利對畫布的「毀滅的」方式，彷彿走在悲劇與頹廢裝飾的內在感覺之表現間的鋼索上，以致這種表面式的破壞性處理是一種意象之受傷的標記（如圖1、2）。[3]

圖 1 布利   圖 2 封塔那

《Composition》，1953   《Concetto Spaziale Attese》

（2）意象－物質空間的裂縫

　　克蒙尼尼的繪畫運用反影意象，以玻璃、鏡子、框架

---

[3] 圖片取自《History of Modern Art》，1986，P. 424-P. 486。

的裝置,形成多種分割和生動稜邊的分歧表面,產生裂縫、
溝渠、交錯的力線,使畫作與材質呈現雙重間的裂斷。這
種斷裂是相互顛倒錯置,使形體空間內外錯置,這是一種
物質空間錯置的連結,產生了物質的裂縫。讓意象的作用
模稜兩可,甚至自相矛盾,先是不讓人看見,之後又導人
去重新發現。克蒙尼尼玩弄他自身語言規則,把規則推至
相對暴力的效應,秩序和失序隱喻式地面對面,使某些線
性界限被消掉了,讓形貌劃痕和意象的整體空間無法分離
(如圖3)。[4]建立在一種轉介性的意象空間,即以畫作切割
反影空間與物質性的裂縫框架,轉介出疤痕裂縫式的物質
空間再現。[5]

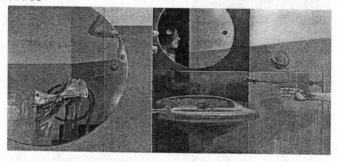

圖 3 克蒙尼尼使物質空間錯置

---

[4] 圖片取自《身體意象》,1996,圖7。
[5] 參閱:Marc Le Bot 著,湯皇珍譯,《身體意象》,(台北:遠流
出版,1996),P. 51-P. 70。

（3）意象－轉介式的疤痕

「所有的痕跡皆是針對我們而來的符號」。它們都是一個意象標記，沒有計劃，沒有記憶，作下記號，而用藝術盡力量去重拾它的符號。雕塑家傑哈即作出了這樣的實踐者，他塑出了一種狂暴的標記，屬於傷痕式的隱喻。他使用鋼鐵和厚紙漿創作，借用電鋸、電鑽切割造成裂紋和紋和裂縫留下了規則的標裂縫留下了規則的標記，這當中他透過電鑽和雙手製造出來的事物就像粗略空間片段，展現每個片斷中又被切槽標記，這標記的暴力將使的，變動的事物轉為身體即將劃痕的象徵。這種轉換式的意象，讓所有生機勃勃的身體轉化為一具被打腫的身體，必須藉由受傷中蘊育出另一種新生的生機，藉以傷痕為底讓疤痕成為一種可見的外形，留在每一個人自身的最深處，轉化為場可見或不可見，回到自己認讀它的標記（Marc Le Bot 著、湯皇珍譯，1996）如圖4即是一種轉介式的疤痕意象。

圖4 傑哈《Les Orbes》，1985

2、服裝中的疤痕情境與元素

　　裂縫、切割、損毀、撕裂等等，是一種暗示性的變形，這種形式上的變形，建立在毀壞上。而會破壞服裝整體性，即會讓衣服具有不完美的缺點，這也可以是一種服裝美學的毀壞，也是一種極具設計思考性的突破。只是如同藝術家一樣，同一主題就會有不同思考性的作品出現，這當中建立在每個人思路不同狀況下，即會產生多種形式的變化。而在服裝中以解構的手法具有破壞性，這種破壞性如同被切割的傷口暴露在空氣中，產生不完整，這種切割啟發也許是記憶的疤痕或者是顛覆性的痕跡，將會在服裝上留下一道標記痕跡。

（1）意象－歷史的疤痕裂縫

　　一道道裂口劃開服裝的完整性，留下了空間的空隙。這是一種服裝的撕毀，完整中帶有斷裂的形式變化，表現了一種受傷式的美感裝飾。這種裂縫式的疤痕在十六世紀文藝復興時期的服飾中為其最大的特色，其特點就是在服裝上裝飾出一道道，具有規則性的裂縫裝飾（Slashed decoration）[6]圖5。[7]這種特色呈現出的是一種開刀式的裂口，這種裂口把藏在衣服表面下的內層服裝顯現出來，如

---

[6]（Slashed decoration）名詞引用參閱：葉立誠著，《中西服裝史》，（台北：商鼎文化出版社，2000）， P.87-P.88。
[7]圖片取自《中西服裝史》，2000，P.88。

同一道傷口劃開了皮膚使血肉外綻，讓人窺視了身體空
間，留下一道新生狀態的疤痕式痕跡。這是一種開口如同
記憶的痕跡，在人的思想上劃下一道創傷，這種創傷經過
回憶變形後轉介到服裝裝飾上，使服裝裂縫具體展現出裂
縫式的美感，一道歷史痕跡的裂縫。

（2）意象－時裝的疤痕美學

　　在一件完整的服裝上突然看到一道被撕毀的裂縫，刻
劃在那完善的服裝表面上，或是在服裝邊緣上集體出現一
一道不經意剝落的布線邊際，與撕毀的布塊重複的被拼
貼。這是一種被刻劃的裂痕解構，破壞了服裝的整體性，
所出現的一種不完美的視覺突然。服裝設計師在這種襤褸
解構美學中呈現了新的狀態。其中以川久保玲（Rei
Kawakubo）更為形上學的主導著這種美學當綱的「破」，轉
換出一種心靈的衣服，讓身體與衣服的辯證關係，體之形、
衣之樣、有形邊界的無形想像更形而上。[8]川久保玲在九七
年春夏的「枕頭裝」抑或「腫瘤裝」系列（如圖6）[9]將人
體的曲線徹底地改變，穿著後伸縮布料如緊膚般貼身包
覆，分不清那是衣服下或皮膚上的不明隆起，宛如衣即膚，
身體與服飾的界限便隨著突起而模糊而消陵，引起身體內
爆的傷痕。

---

[8] 參閱：張小紅著，《絕對衣性戀》，（台北：時報文化出版，2001），
P. 59-P. 61。

[9] 圖片取自《Magazine Editorial Graphics》，1997，P. 92。

　　這種身體的內爆是看不見外在的傷口，因為引爆在內裡，而痛會緩緩浮起，痛會腫脹拒絕遺忘並流連在體內（張小紅，2001）。藉由這外顯的腫瘤傳達出了身體內隱的傷痕，經由這腫瘤化作標記，這種標記形成意象轉介到服裝融入身體，使身體與服裝有著形式上的連結，極具有深度思考的轉介出現在川九保玲服裝上。因此具有思考性建構轉介在服裝上，是有著極大的想像空間與極具獨創性的見解出現，這會是一種創作上的突破，呼應出極具思考性的內涵。

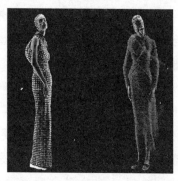

　　　圖 5　文藝復興　　圖 6　川久保玲「腫瘤裝」表現
（Slashed decoration）　　　　1997 春夏

(二)疤痕意象轉介到服裝褶紋標記

　　以疤痕意象作為轉介與連結，使身體與服裝這二元對

立的獨立個體產生出新生的第三種狀態。這種層次間的轉
換介入，是由轉介意象的方式所呈現出的一種思考方法，
其過程即藉由疤痕意象為啟發，身體皮膚是完整最原始的
身體外衣，當這外衣受到傷口的破壞，即產生一種身體皮
膚與傷口這二元性個體的對立，而疤痕即是調和這二元對
立所產生的第三種狀態，所以疤痕即是一種新生狀態，經
由中介關係即調和二元對立下所產生的狀態。

因此身體與服裝也是二元性對立的個體，服裝本身就
是一個獨立個體，就在於衣服不被身體穿著的狀態下，所
以服裝與身體應該被分開來看之獨立個體，服裝與身體被
獨立分開時，兩者並沒有真正發生關係，如要讓服裝與身
體發生融合緊密的關係就建立在身體穿著了服裝，並且發
生在於身體有肢體動作下帶動了服裝變動，使服裝表面因
身體動作而產生了「褶紋」。此時褶紋即是一種中介空間，
融合了身體與服裝這二對立下所產生的第三種狀態，而褶
紋也是一種服裝空間，這種服裝空間會隨著身體的動作，
使服裝空間隨著動作流竄，這當中服裝空間以兩種形式出
現即靜態褶紋與動態褶紋。

1、疤痕中介

「疤痕」是一種意象轉移，也是一種皮膚與傷口二者
合一的轉移中介，介入了身體皮膚與傷口這二對立之二元
性個體，當皮膚經過物質性的介入與破壞，就會出現一種
形式變化的開口裂縫，以透視整個身體空間。這種破壞性

的介入，即暗示一種形態即將變化與將出現新的形式組合，因此傷口癒合這個動作會賦予複合變體形式，即出現了疤痕（這種意象如同一件被縫過的衣服與被車縫的褶）。疤痕即傷口與皮膚二元對立下，融合這二元性所產生的第三種狀態，出現在身體皮膚與傷口之中，使之具有複雜之涵義又不失二元特性的性質，即為疤痕中介。其中介觀點如下：

「中介（In-between）」是為折中調和這二元對立的現象而提出的「中性」、「介入性」之觀念，而與東方二元共存的哲學思想有其相同的思路與脈絡，因為東方共存之二元性哲學所闡述的「是不需解決兩者之間之對立，而是創造第三種狀態（The third state），在這種共存融合的過程中，這兩種不相容的事物和平相處，而又不減其各別的特質，二者合而為一，全是這第三種元素（The third element）（即指中介物）介入其中之結果」。[10]

2、褶紋中介空間

「褶紋」是一種服裝空間，這種空間會經由身體皮膚延伸的氣流而伸展；氣流被鎖住；在那布料的褶痕裏，此時就會形成一波一波的褶紋（空隙）存在身體與衣服之間，空間也就形成了。而褶紋空間以兩種元素出現——一種即是

---

[10] Kisho Kurokawa，《Architecture of Street》，(The Japan Architecture，1979)，P.82。

車縫,布料經過線,車縫過,會產生各種摺痕,褶紋即被固定(定型—靜態)。一種即是身體與衣服布料之間所產生出的褶紋,其經過自然的身體動作姿態,衣服會呈現出自然痕跡,此時褶紋隨著身體動作隨之改變無定性(褶痕—動態),這是經由身體帶出衣服的褶痕,此時這衣服的褶痕是與身體有關的褶痕-是自然的。因此褶紋是一種服裝空間也是一種中介空間,中介了身體與服裝這二元性的個體,所融合出來的第三狀態「褶紋」(中介空間)。在建築觀點對中介空間作以下解釋:

建築內部空間與建築外部空間所呈現的二元性狀,在共存的觀念下,同時並重,相互交融滲透,在折『中』調和與過渡間,所產生的將是無法明晰辨別,究竟是屬於內或是屬於外——一種亦此亦彼的曖昧現象——卻又包容了內外的第三種性狀的空間元素。也就是介於內外空間之間的另一種空間—中介空間(孫全文、周宗憲著,1986)。

身體與服裝所呈現的二元性,在共存的觀念下,同時並重,相互交融,在折中調和的過渡間,出現了「褶紋」,褶紋順著身體與服裝之需求,將身體與服裝融合成一體,這一體關係乃藉助了亦內亦外這第三者--中介空間(褶紋),調和因二元對比所造成的微弱關係。因此褶紋是一種中介空間,介入身體與服裝這二元物質,使身體與服裝成為不可分之整體。

3、疤痕等同褶紋

　　以介入觀點來看，疤痕介入調和了身體皮膚與傷口之二元性物質，所產生的第三種狀態。疤痕原本是不存在於皮膚上的標記，這標記是經由皮膚遭受到破壞產生的傷口，傷口即是一種分裂因子，將皮膚阻斷產生形式變化，經過身體自療將傷口癒合重組形成疤痕。疤痕即為中介是由皮膚與傷口這二元對立下所產生的狀態，並將兩個體融合成一體，產生了新的組織結構，即為疤痕。換言之褶紋是一種中介空間，中介了身體與衣服這二元對立的物質，融合身體與衣服的所產生的第三種狀態，褶紋積極的包容這兩方特性的介入性，為轉換後的第三性狀，將身體與服裝連結成一體，褶紋即成為一種中介空間，也是一種屬於服裝的空間。因此疤痕與褶紋是一種整體與開創事物的平衡，在對於事物整體性之考量中，海格斯契爾（August Heckscher）曾說過：「我們必須在相對的事物間創建平衡」，[11]因此疤痕即為一種中介，介入調和了傷口與身體皮膚所產生的第三種狀態，相對的同等於褶紋是一種中介空間，融合了身體與服裝這二元性所產生的第三種狀態。這是一種連結轉換層次的介入，將亦此亦彼中介空間連結與轉換，滲透了二元性界線，產生一種轉換區域，產生了一種複雜平衡的特質（如圖7）。

---

[11] Robert Venturi 著，葉庭芬譯，《建築中的複雜與矛盾》，（台北：尚林出版社，2003），P. 16。

　　因此藉由原始脈絡，由身體關係依次序連貫到服裝關係，並在這種關係中作整體性的連貫，這種連貫可以創造出互相流通連續的整體。因此身體皮膚、傷口--疤痕（中介）與身體、服裝--褶紋（中介空間）是一種有次序的連結，由此得知疤痕與褶紋是等同的連貫關係。

以下即為疤痕與褶紋之關係：

1、疤痕存在身體上的標記，等同褶紋存在服裝上的一種標記。

2、疤痕、褶與中介之關係：

+ 疤痕為中介　　　　　身體 ← 疤痕 → 傷口
　　　　　　　　　　　　　　　　↕
+ 褶為中介空間　　　　身體 ← 褶紋 → 服裝

+ 疤痕等同褶紋

4、服裝空間

　　服裝空間是建立在衣服褶紋空隙之中。服裝與身體本是單一個體，屬於的二元對立的狀態，兩者在個體上是被劃分為二的狀況下而存在的，其間衣服與身體在這種狀態下並沒有直接發生關係。只能透過身體穿上衣服，才能展現它們關聯性之特徵，但是在身體不動狀態下，衣服與身

體的關係仍然微薄，此時必須藉由身體的動，使身體牽動
了衣服，讓衣服在身體的動態下直接產生出褶紋。因此透
過身體動作與服裝褶紋關係，能讓服裝與身體更直接發生
具體的共存關係。這當中還有一種被固化的服裝空間型態
的褶紋，這種被固化的褶紋是經過人為車縫動作，所呈現
的屬於一種靜態的服裝空間。在這種動態與靜態褶的出
現，即為服裝空間具體的形式。因此服裝空間以身體動態
褶紋與車縫靜態褶紋的兩種形式出現；具體來說：「一種即
是身體與衣服之間經過身體動作姿態，在衣服上呈現出的
自然褶痕（褶紋—動態）。一種即是藉由車線，在布料上車
出各種摺紋（定型—靜態）」。因此「褶紋」的出現是在調
和身體與衣服之間的二元對立，所產生融合的第三種狀
態，這種狀態即為中介空間，服裝空間也就形成了。因此
「褶」是一種服裝空間的體現，包含了服裝空間的流動與
空間潛力。

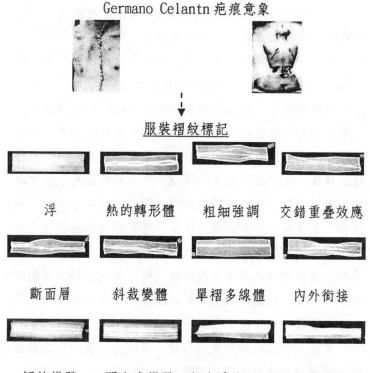

Germano Celantn 疤痕意象

服裝褶紋標記

浮　　　熱的轉形體　　粗細強調　交錯重疊效應

斷面層　　斜裁變體　　單褶多線體　　內外銜接

解放變體　　閉合式變體　漸次重複立面 粗細變體立面
圖 7 疤痕意象轉介到服裝褶紋標記（固化實驗性褶紋）

三、意象轉介成其設計方法

　　本創作即試圖，尋求意象之層次轉換介入方式，引導
其成設計方法之意象擷取與轉換中介，尋此過程將可賦予
設計產生意象詮釋的新意，讓設計創作是可以藉由意象轉
換的思考模式，推演出一種意象程序轉換，產生新生狀態。
而經由這轉換介入的思考模式中，將會賦予設計作品在創
作方面有更多想像空間與創意的開發，並可建立為一種設
計操作模式。因此意象操作是一種啟發性概念，也是一種
層次轉換介入的臨界點（如圖 8）所示將疤痕意象層次轉
換到褶紋意象，疤痕等同褶紋，其兩者都是中介關係，將
融合二元性狀所複合的新生物質），嘗試讓意象轉換介入之
概念模式的主體表現，能有效的延伸出設計意義，並能在
其轉介過程中將創思本質抽離出，將之轉化到形式上的思
考，建立起一種轉介式的設計方法操作，由意象轉換中介
之操作歷程，產生複合意象。

　　本創作透過疤痕意象為啟發，導入身體與服裝之關係
探討，經由身體疤痕意象轉換到服裝褶紋意象引發整體性
關係的連貫，連結身體與服裝關係概念啟發。因此以疤痕
意象為脈絡到中介之轉介過程中，使二元對立下的身體與
傷口之二元性產生了融合，出現屬於這二元性特質之第三
種性狀元素。並經由意象之類比附會，其疤痕意象屬於一
種身體上的標記，由身體推演到服裝的過程中，褶紋也是

一種屬於服裝上的標記，其間褶紋與疤痕兩者共同建立在
一種中介關係。如褶紋將身體與服裝二元性物質作融合產
生褶紋，經由褶紋為中介空間，產生的服裝空間的演釋。
這一過程即為意象連結，是由身體轉換到服裝之意象，透
過這種轉介方式即賦予新狀態的產生，這新生狀態即是一
種複合式設計表現，演釋出層次轉換轉介意象的一種設計
思考方式，意象轉介之設計操作概念如圖如下所示：

圖 8 設計操作概念圖

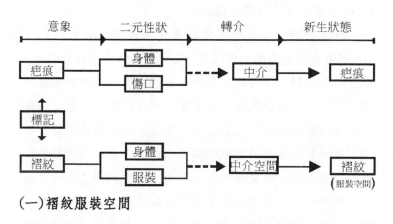

（一）褶紋服裝空間

　　褶紋是一種構成服裝空間潛力的要件，而這種潛在的
空間，是由身體與服裝結合而成形的動態褶紋，使服裝空
間不經刻意規劃呈現自然狀態，依身體與服裝結合的原
性，呈現出自然褶紋之動態；產生服裝空間的流動，這種

服裝空間的流竄是具有優美的空間流動感。另一種服裝空間是經過轉化而呈現，經由設計者本身意象思考網絡轉介，所刻劃出屬於個人式的意象，帶有個人風格化的意象固化褶紋，即經車縫動作賦予靜態褶紋空間潛力與生命力。透過這兩種褶紋形態表現方式，呈現服裝空間具體成形，而在此褶紋即是服裝空間的一種表現方式。這種表現方式經由疤痕標記等同褶紋標記，轉化為褶紋意象的型態，轉換成一服裝空間形式的整體性連貫。

1、疤痕標記轉介到褶紋標記

經層次轉換類比附會觀點來說，褶紋也是如同疤痕般，附著在服裝上的一種標記。標記是一種意象轉換中介，經過了二元對立下所調和出的第三種狀態，是新的形式變體。因此以身體到服裝作為連貫性的層次轉介考量下，即能創造出互相流通的意象整體連貫性，以此演釋出設計操作方式，將疤痕等同褶紋都轉換為標記，而這種標記是經過轉介過程後，所呈現的新生狀態。然而疤痕意象轉介到服裝褶紋標記，是有潛藏著不可預知的形式變化與暗示，將疤痕意象轉移，產生複合意象的褶紋形式，這種標記的轉介有無限發展性。

2、褶紋意象的形式轉換

本創作將以褶紋為服裝空間，採用自身意象之轉換切入，探討靜態褶紋與動態褶紋之形成，與在兩者結合情況下所引發的複合式褶紋形態，帶出一種褶紋意象轉換之服

裝空間潛力：

（1）靜態褶紋：使用操作為手段，將在平面布料上作為一力場效應，操作出褶紋形式變化的暗示，讓被固化褶紋（靜態褶紋）的型態，化為平面褶紋體現。這種靜態褶紋潛藏著物質性服裝空間的變形，是經由人意象轉化，到車縫操作而成形的褶紋變化，組構出新的褶紋空隙，此種組構是呈現分裂狀態的多種線體性結構，如同一道受傷的傷口經過縫合後產生一道疤痕，轉換至服裝時，如劃在一塊完整的布體上，留下一道標記。這道標記是經由身體與服裝二元對立下，所中介調和而成形的新生狀態，烙印車縫在服裝上，形成褶紋疤痕標記形式。這種標記是被固化的標記，經由自身意象轉換而來的複合意識如圖9所示，轉換到服裝上的一種疤痕標記的形態褶紋，這當中未裁剪成版形之前，以平面的車縫組合中，並導入服裝的身體膚紋意象的動態，採用線性車縫，將之意象轉換到身體膚紋動向擠壓伸展，配合到一體成形服裝動態表情。

a. 外控式-單褶多線體   b. 粗細強調

   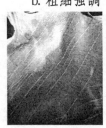

c. 斷面層   d. 單褶線體

圖 9 轉換到服裝上的一種疤痕標記之褶紋形態

（a. b. c. d 以實驗性褶紋車縫出褶紋變化）

（2）動態褶紋：一種空間的流竄，是藉由身體動作所賦予的服裝褶紋空間的流動，這種空間是不被定型的褶紋，隨著體動出現一連串的褶紋動線。這種動態褶紋將服裝與身體之間存在的空隙擠壓到褶紋空隙中，隨之鎖住形成褶紋，隨著身體推擠服裝展演出一連串的滲透空間在身體與服裝緊密點流動如圖 10，身體與服裝在緊密結合之下，所塑造出的動態褶紋形態。褶紋空間依附在身體與服裝結合關係下，呈現出各種可能性的褶紋形體轉變，依照視覺凝視瞬間凍結這種流動空間的意象，化為一道道疤痕意象標記，浮在衣服表面，凹凸不平的突起卻帶有平衡的氣息，隨動作而消失或隱現，構成一種動態褶紋服裝空間的流動。

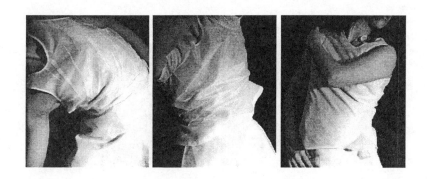

圖 10 身體與服裝在緊密結合之下，所塑造出的動態褶紋形態

（3）動態褶紋與靜態褶紋複合變體：動與靜是二元對立
的，當動態褶紋與靜態褶紋重疊交錯時，一種不確定的複
合形式出現，讓人無法掌握方向產生複合過後的錯亂，表
現在交錯過後的褶紋型態上。同為褶紋，一種是以固化形
式出現，另一種是以不定型方式流動，固化與不定型的褶
紋型態在身體姿態轉動時，發生了交錯的連結密合，把兩
種褶紋型態曝露在這種曖昧情境下，變的焦點模糊不清
晰，在交集過後即破壞原有的褶紋線性，產生重疊過後的
不規則形貌，無法掌握的空間型態，製造出斷不可分的整
體性，顯現在被穿著狀態的服裝上，如圖 11 動態褶紋與靜
態褶紋交錯後，呈現出整體性褶紋複合形態。這是動態褶
紋與靜態褶紋相交直接碰撞出新的結構變化，是一種褶紋
的複合，使動態褶紋與靜態褶紋，在連續轉換間得以平衡

與褶紋結構的重組交錯。

圖 11 動態褶紋與靜態褶紋交錯出整體性褶紋複合形態

(二)第三種狀態之複合成形

「滲透了二元性界線，產生一種轉換區域，產生了一種複雜平衡的特質」。第三種狀態的複合，在此以裙子與褲子的複合，作第三種狀態之複合成形之設計操作：

1、脈絡：第三種狀態的建構，在二元性狀的物質中，經由中介觀點使這二元的物件產生融合並重，相互交融滲透產生第三種性狀，這第三種性狀包容了這二元性狀特性，使之融合成為不可分整體。

　(1)二元性狀－裙子與褲子二元對立的狀態下各自成形一體。

　(2)第三種性狀－裙子與褲子二元對立下，產生第三種狀態結合體『裙形褲體』。

2、操作：

（1）形態擷取：擷取二元性其中之特點作為設計延伸要點。

　　褲子－擷取其褲襠為變化主體，褲子的成立之所以與
　　　　　裙子不同關鍵在於褲子有褲襠，而褲襠是讓褲
　　　　　子有一種被包裹的感覺，因此擷取褲襠的建構
　　　　　運用在『裙形褲體』複合所產生之重要關鍵點。

　　裙子－以裙子形態為第三種狀態的主要外形，讓整體
　　　　　下半身物件呈現裙子形態，這當中擷取裙子外
　　　　　形作為主體複合，採用車線性、褶、裙片前後
　　　　　片相互交疊產生了各種形態變化，在交錯重疊
　　　　　之下更具有豐富內涵。

 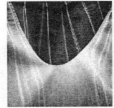 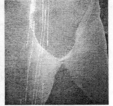

圖 12 褲襠　　圖 13　S型褲襠　圖 14 褲襠自成一體

（2）融合二元：將二元性特點抽離經過複合後，產生不失
　　二元性質之第三種狀態如圖 12 褲襠的形態。

　　a. S形包裹—以褲襠S形為主，將前裙片左襠繞到後
　　　裙片右襠一體型，包裹出裙子形態圖 13 所示 S型

褲襠。

b. 連結界線—前後褲襠為連結一體之襠線，連結前後片裙片，讓左右協邊處於分斷不接合，外型以裙子型態呈現。

c. 包裹—褲襠為褲形整體形態，將前後協邊反褶至前裙片與後前協邊反褶至後裙片，前　後包裹裙型呈現。

d. 褲襠交界—前後褲襠各自成一體隔斷褲子內協線，使其呈現出前後無接合之內協線，在其前後襠連接交界點，讓襠邊界互相小段連結，形成無內協線的裙形如圖 14 示。

（3）第三種性狀：如圖 15 所示整體外形以裙形體出現，表層架構出裙子型態其表面處理以車縫線車縫、褶交疊錯合（採實驗褶之內外閉合式變體褶形）、裙片相互疊合產生形體等複合變化。這當中將採用內隱式手法，先將表層形態裙形體建構出後，在裙內加入一種屬於褲子才有的褲襠線的元素，塑造出一種以裙為外型褲襠為內體之『裙形褲體』的複合設計表現，建構出二元性狀下的第三種狀態之複合的設計如圖 16 所示『裙形褲體』複合之形態。

a. 1. 裙片疊合採內閉合式變體　b.　1. 裙片疊合採外閉合式變體
褶形 2. 褲襠交界-褲襠自成一體 褶形 2. 包裹-褲襠以褲體為主
之無內協線

 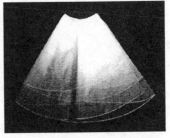

c. 1. 裙片疊合採前後裙片自相　d. 1. 裙片疊合採線性車縫 2. 採
交疊 2. 連結界線-前後褲襠連結 S 形褲襠為一體成型
成一線體

e. 1. 裙片疊合採用前後裙片交
錯 2. 褲襠交界-褲襠自成一體
圖 15 『裙形褲體』之形態組構

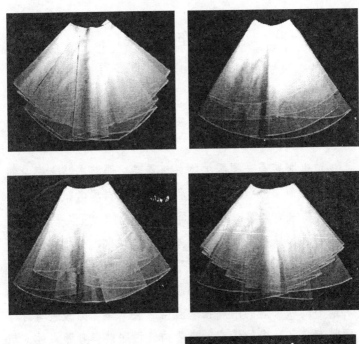

圖 16 第三種狀態之複合的設
計，整體造型以裙形體為外形，
並以車縫線性、實驗褶、裙片交
錯組構出裙子外型表面變化，在
裙內隱藏褲體之襠線複合出
『裙形褲體』。

四、作品形式

(一)平面--衣服的表情

　　透過服裝是一單獨的物件來看時，服裝本體未與身體作密合之前；服裝本身即具備自身個性與思考訊息的物件體，在其平面之第一狀態下即擁有自身的「服裝平面表情」（服裝在製版時，以擷取身體動態為意象，轉化到服裝版型上的改造研發，在此建構下服裝在平面，即具有一種屬於服裝之身體動態的服裝形體）。因此服裝在未讓身體穿著之前不應以身體的附屬物來看待服裝本體，因服裝本身即應賦有自己蘊含的情感，來看待這種服裝與身體事件。疤痕經由中介過程，所產生的新生狀態有了自己的表情，如同服裝上出現褶紋標記一樣，這之間是有互相層次指涉。服裝個體在平面的第一狀態下，即賦予服裝本體表情動態，藉此打破服裝平面的建構之侷限，帶給服裝設計一個新方向，服裝平面即擁有自身的服裝表情如圖17。

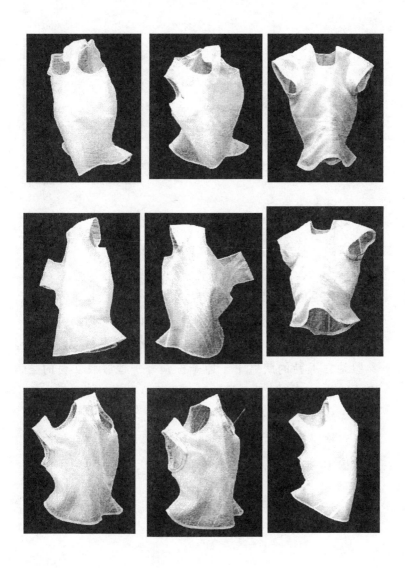

圖 17 服裝在平面第一狀態即擁有自身
服裝表情。

(二)立面--經穿著形式服裝表情的轉變

　　服裝經由人體穿著時，使服裝與身體產生了微薄的關
係，這時服裝與身體並沒有發生真正的關係，因為身體經
由穿著服裝這動作後，服裝將包裹住身體這實體，並經過
身體站立不動的狀態下，即是扮演著一種服裝立面的呈
現，這種立面又是另一種被穿著的服裝形態。而這種立面
形態，建構在第一狀態的平面服裝套合在身體之上，產生
了服裝被穿著後的立面服裝表情，即為服裝第二狀態的產
生如圖 18。

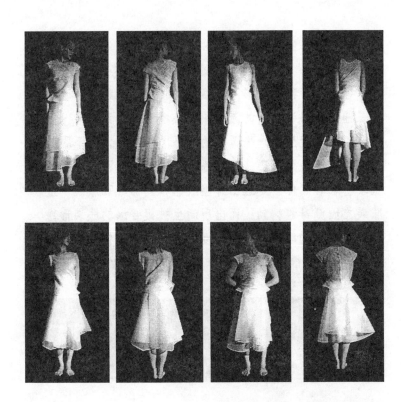

圖 18　經穿著形式呈現立面
第二狀態服　裝表情,(其在平
面第一狀態彎弧較長的協邊
線為符合身體形體,造成協線
被擠壓,產生不一種不定型褶
紋。)

(三)複合--舞動服裝空間

經由第一種平面形態與第二種立面形態結合,產生了第三種狀態服裝空間的流動。服裝經由人體穿著時,便讓服裝與身體產生了一種薄弱的關係,在這種情形下服裝與身體並沒有發生真正密合關係,而真正造成服裝與身體發生緊密融合關係,是經由身體肢體轉動而牽動服裝,造成服裝為因應身體轉動,而出現新生被複合過的服裝形態,而建立在這種經由體動而改變服裝的型態結構產生出第三種狀態,是一種複合式褶紋舞動了服裝空間如圖19複合式褶紋舞動服裝空間。

圖 19 第三種狀態之複合式褶紋,舞動服裝空間

身體舞動時,會造成服裝表面結構發生變化。讓動態褶紋與靜態褶紋在重疊交錯時,即會讓人產生一種無法掌握褶紋變換出現方式,使不定型動態褶紋與固化靜態褶紋產生複合過後的錯亂,表現在交錯過後的褶紋型態上,那麼曖昧不清無法掌握褶紋空間形態。然而動態褶紋在經過

身體動作會不經意的複合在靜態褶紋上，產生了褶紋複合，而靜態褶紋與動態褶紋有時同時擠壓糾結在一起，有時褶紋方向會互相對抗，讓服裝形式產生更多變化的可能性。使褶紋產生不可分之整體性，使動態褶紋與靜態褶紋交錯銜接直接碰撞出新的結構變化如圖 20 一種舞動時褶紋服裝空間之交錯複合。

圖 20 一種舞動時褶紋交錯之形體，將改變服裝形式組構並產生褶紋複合狀態。

五、結論

（一）設計系統操作：意象轉介主導創作啟發

　　本論文藉由意象轉介引導成其設計方法，串連成服裝空間的表現方式。其中關於以意象轉介之過程即為「意象：二元對立物件；轉介＝ 第三種狀態」，因此在此以疤痕為意象啟發，推演引導出一種層次間意象轉介過程即為「身體皮膚+傷口；經過中介＝ 疤痕」而再次意象類比轉換「身體+服裝；中介＝ 褶紋」，這當中這意象的延伸有類比效應，即為疤痕為其身體上的一種標記，而褶紋也同為服裝上的一種標記。這種標記都存有屬於個人式的意識轉化，將透過意象轉化過程，結合自己的思考網絡，再次對意象重新賦予意義。如此其形式可無限的推衍，這種過程可作為日後設計操作係統之參考性，提供一種以意象為出發的設計議題，讓這服裝設計在有創意之下，更兼具有思考性的作品與創新。

（二）第三種狀態的探索

　　第三種狀態是在複合情境下所產生的一種狀態，經過二元性狀融合下所產生的一種新生狀態，它是存在著無限的複合式靈感與創新。是一種創新形式之開發，具有無限爆發力與潛能。然而第三種狀態不管是推衍到服裝或者是設計方法上，是及需被開發與探討的一種狀態，因為這將會使創作更賦有新意，呈現在設計作品上，使之更具有豐

富的組合內涵之開發。讓設計更具有巧思，使設計操作不再只能由單向之思維過程，來達成創作。

（三）服裝空間潛能的探索

建構在服裝本質的觀點下，服裝是具有其自身的表情與語意，呈現於服裝在平面設計操作時即可將服裝之表情作一傳達，使服裝本體即具有表情，如同畫家將意象主體，藉由畫布陳述一則意識與意象之角力，轉介到畫布上將之賦予畫家之語意呈現創新。因此藉由轉介過程，服裝空間是具有無限的可能發展性，在此本研究即以意象之轉介過程，尋找出一種屬於自己意象的服裝空間之操作連貫，使服裝在空間建構下即賦予了褶紋型態表情，這種表情帶出服裝空間，另一方面也使身體與服裝在最密合情境下，帶動的服裝空間的流動，一種活絡的服裝空間，因此藉由此創作作為啟發，服裝空間是尚有待被開發的潛能，作為日後更進一步對服裝空間的探索。

參考文獻

Kisho Kurokawa,《Architecture of Street》, The Japan Architecture, 1979。

孫全文、周宗憲著,《建築中之中介空間》,台北:胡氏圖書出版社,1986。

David Sylvester 著,陳品秀譯,《培根訪談錄》,台北:遠流出版社,1995。

Marc Le Bot 著,湯皇珍譯,《身體意象》,台北:遠流出版社,1996。

葉立誠著,《中西服裝史》,台北:商鼎文化出版社,2000。

張小紅著,《絕對衣性戀》,台北:時報文化出版社,2001。

Robert Venturi 著,葉庭芬譯,《建築中的複雜與矛盾》,尚林出版社,2003。

The transformation from image to design in terms of fashion design.

-An exchange of fashion space creation from a scar image perspective

Yu-Lien Lee

Abstract

The study aims to build the method of the transformation from image to design, in terms of creating the methods of fashion design, as well as the necessity of space and structure on garments. Using scar images as a medium as well as the foundation of connections, the study also points out the possibility of body space and clothing space. It uses wound scars as a medium to extend to different types of space structures leading to a fashion design element of space form.

Scars are a transformation of images on the skin. Skin transforms to a new structural form through the cracking, destroying and healing of wounds—Scars. Scars are the third condition caused by the binary confrontation between skin and wounds. This third condition mediates the binary confrontation between skin and wounds. The theory of scar mediating means that scars mediate and compromise the space between the body and the clothes and thus create the mediating space of the third condition--- folding wrinkles.

The body and clothes are binary individuals. The two individuals represent a type of contrast. Clothes produce folding wrinkles through body gestures. Folding wrinkles are the third condition caused by the relationship between the body and clothes. Therefore, folding wrinkles are a kind of mediating space as well as a concrete display of clothing space. Folding wrinkles continue to compromise and get involved to mediate and compensate the feeble relationship caused by the confrontation between the body and clothes, and thus produce a type of connection. This co-existing relationship is a condition in which body action affects clothes making the body and the clothes into one piece, the inside and outside into an inseparable whole. This third condition caused by the body and clothes shows folding gaps are a kind of clothing space. The presentation presents individual concept with form and incorporate folding wrinkles with body movements to create space of folding mutation extension and transformation. Through clothing surface, body movements are presented. Folding wrinkles are used to present the flowing and solidification of clothing space. Therefore, folds are gaps as well as a concrete display of clothing space. The creation of folding wrinkles is also a creation of clothing space.

Keywords：scar、images、folding wrinkles、In-between、
　　　　　mediating space

歐美體適能研究進展與啟示

賈　凡

明道管理學院休閒保健學系

摘　要

本篇文章研究之目的，在於瞭解歐洲及美國等先進國家，
對於體適能（physical fitness）以及其他有關於健康
（Healthy）相關領域的研究歷史及發展沿革，並且對於體
適能（physical fitness）以及其他有關於健康（Healthy）
相關領域的內容和對身體的關聯性也有所著墨，我們並從
本篇研究中找出了許多與體適能（physical fitness）性
質類似的新的健康概念，並且從研究中得到了許多新的觀
念以及啟示。

主要內容包括：體適能（physical fitness）的概念及體
適能（physical fitness）內涵，健康（Healthy）的概念，
全人健康(wellness)的介紹，身體活動(physical

activity)、體育活動(exercise activity)、體育鍛鍊
(exercise training)的定義解釋,以及健康(Healthy)
的影響因素等,最後利用研究分析的結論來幫助我們在未
來能夠跟上歐、美等先進國家對於體適能(physical
fitness)及其他相關領域發展的腳步,進而提昇我國整體
的體適能(physical fitness)的水準,促進全民健康。

關鍵詞:體適能 全人健康 健康 身體活動 體育活動
　　　　體育鍛鍊

一、前　言

在經濟發展逐漸到達先進國家之列的台灣，人民的所得水準及生活品質越來越高的同時，也產生了許多負面的現象，體適能（physical fitness）的水準日益降低，造成了許多慢性病的產生，相較於歐美等先進國家的整體國民的體適能的平均水準，台灣在各年齡層的表現水準皆落後歐美國家許多。

「日前，台灣大學一名正值壯年的教授，因工作壓力過大而悴死，有鑑於此，台灣大學也提出了每日一小時的運動公假，讓所有的教授提高體適能的水準，減少猝死的機會。」[1]由此得知，具備良好的體適能水準，已經成為國內目前最為熱門的話題，也讓筆者興起了研究歐美體適能及相關概念發展的歷史及進展，希望能夠藉以幫助我國未來對於體適能研究的參考依據。

體適能（physical fitness）作為最早源於西方的概念，在歐美已有相當長的研究歷史，近幾年隨著對健康、健康體適能、身體活動等研究日趨深入，一些概念和理論

---

[1] 參閱：雅虎奇摩. 中時新聞網 http://tw. news. yahoo. com/

得到完善和更新,並不斷有新理念提出,學習這些先進理論,有助於我們重新認識體適能,開拓我們的視野,提升我國體適能研究水準並促進國民的全面發展和身體健康。

二、歐美體適能研究之進展

(一) 體適能(physical fitness)的概念

體適能(physical fitness)實際在歐美國家也很難下以精確定義,1968年在美國一次會議上,不少專家就體適能的概念發生激烈爭論,由於會議時間有限,最後迫不得已才草草形成了體適能的大致定義,與會專家把體適能定義為「人體能夠動員肌肉成功應付緊急或特殊情況的能力。」後來,美國運動醫學會(ACSM)把體適能定義為:「有能力完成比較繁重和緊張的日常工作而不感到過度疲勞,有足夠的活力進行休閒享受的追求,當遇到緊急情況時能夠以高水準的能力加以應對。」該研究會把體適能視為一個人能夠從容面對壓力,甚至面對緊急情況,例如車禍、洪水、墜落或暴力攻擊時的能力,而面對以上這些狀況,一個低水準體適能的人很有可能已經屈服或無法應對,一個擁有高水準體適能的人在這種情況下根本不會感到過度

疲勞,因為他能夠充分認識緊張,所以他完全知道如何使自己放鬆。體適能通常包括三種類型:生活的體適能,工作的體適能和娛樂的體適能。[2]

1996年,美國健康與公民服務部、美國疾病預防和控制中心、慢性疾病和健康促進國家中心、總統體適能協會和體育委員會聯合發佈了《身體活動與健康》一書,該書首次以宣言的形式號召民眾為了促進健康,積極參加各種身體活動。在該書中,對體適能的定義同美國體育教育研究會的定義基本相同。即體適能是有能力完成比較繁重和緊張的日常工作而不感到過度疲勞,有足夠的能力享受休閒時光和應付難以預期的緊急情況。該書同時指出:體適能包括心肺耐力、肌耐力、肌肉爆發力、肌肉作功速度、速度、柔軟度、敏捷性、平衡感、反應速度和身體成分。由於以上這些的成分對於健康和運動能力的貢獻不一,所以通常又把這些因素劃分為與健康相關的體適能 (health-related physical fitness)和與運動能力相關的體適能 (sport-related physical fitness),與健康相關的 physical fitness 因素包括心肺健康、肌肉爆發力和耐力、身體成分、柔軟度。這四方面對健康各自構成獨立的影響因素。

---

[2] 參閱:江雪碧:《提升美國體適能—「有氧運動之父」古柏歷史地位之探討》,輔仁大學/歷史研究所,碩士論文,2004。

　　歐盟委員會對體適能的定義是:「能夠滿意地完成身體活動的能力"。」該委員會指出,以往體適能通常是指運動員或競技體育中的運動能力,但目前從更一般意義上講,體適能是指一個人完成工作、日常活動和積極享受休閒時光所需要的肌肉工作能力。對於發達國家人民生活水準越來越高、肌肉活動越來越少的情況,更加強調增加以肌肉收縮為特點的身體活動的重要性。從這個意義上講,體適能主要是指有足夠的能力承受身體負荷而不會過度疲勞的能力。

　　綜上所述,歐美國家普遍認為:體適能支撐著整個生活品質(quality of life),它與人們的工作效率、享受休閒時光與健康、預防運動不足導致的機能減退、身體應變能力有關,其發展受很多因素影響,但如果沒有規律的體育鍛鍊,最佳的體適能狀態是無法達到的。

(二) 體適能(physical fitness)的內涵

　　目前,歐美學者普遍認為體適能(physical fitness)是評價健康的一個最綜合性的指標。體適能是眾多參數的綜合,包括與健康相關的(health-related)參數、與技能相關的(Skill-related)參數、及與代謝相關的(Metabolic-related)參數,體適能直接與整體生活品質相關。

與健康相關的體適能(health-related physical
fitness)：歐盟委員會將「與健康相關的體適能一說
（health-related physical fitness）」解釋為：與健康
相關的體適能從寬泛的意義上講，是得到良好健康所需要
的一整套的能力，這種能力是個人特徵和個人能力的結
合，個人特徵一般由遺傳所決定，個人能力則是指個人完
成肌肉運動工作所具有的競爭力，從與健康相關的體適能
內容而言，個人特徵和個人能力均非常重要。雖然個人特
徵也會因為身體活動或運動訓練而發生適應性改變，但個
人能力通常會對身體活動產生更為敏感的變化。因此，當
涉及對與健康相關的體適能進行評價時，個人能力的評價
顯然更有意義。應該被強調的是：一個人即使參加規律性
的體育鍛鍊，但是由於遺傳上屬於易患病的體質，他的體
適能測試結果可能仍不理想。儘管如此，這個人身體經過
系統體育鍛鍊後，其實際的健康狀況其實仍然比單純測試
結果顯現的要好。表面上看，與健康相關的體適能很大程
度上是由運動量和運動方式所決定，然而，至今仍然沒有
可靠的方法來評價一個人的鍛鍊狀況。從某種意義上講，
測試一個人身體狀態的變化比評價個人體適能更有意義。

　從與體適能（physical fitness）相關聯的三方面因
素來看，與健康有關（health-related)的體適能直接與個
體從事日常生活和工作的能力有關，主要是通過評價機體
心肺機能、身體成分、肌耐力、肌肉爆發力 和柔軟度加以

反映。心肺機能、身體成分、肌耐力、肌肉爆發力和柔軟度目前被認為是體適能最基本組成部分。與健康有關的體適能,這一概念表明體適能研究的針對性越來越明確,有效性和實用性大大提高,並一再向人們傳達著這樣的資訊:良好的體適能就意味著良好的健康,意味著能夠安全地從事身體活動,意味著能夠預防運動不足引發的各種疾病。體適能研究的歷史不斷修正體適能研究的方向和重點,最終將體適能(physical fitness)與健康(health)緊密地結合在一起,使之成為一門即科學嚴謹又實用有效的科學。目前,全美健康、體育、娛樂、舞蹈聯盟(AAHPERD)、國際體適能協會(IFA)就是通過測試心肺機能、身體成分、肌耐力、肌肉爆發力和柔軟度這幾項指標來進行體適能的研究。

　　與運動相關的體適能:體適能中與技能(Skill-related)相關的參數是靈敏性、協調性、爆發力、反應時間與速度。體適能中與技能相關的這些素質不是每個健康人都具有的,因為擁有這些素質還需要有一個動作學習的過程。擁有這些技能會使人很容易完成高水準的技術動作,在體育運動中體驗更多樂趣,因而與技能相關的體適能的組成部分有時也叫運動技能或體育技能。

　　代謝性體適能(Metabolic-related physical fitness)是近年來提出的新體適能參數,主要包括血糖、血脂、血胰島素、骨密度等。代謝性體適能反映的是一種

機能狀態，它與許多慢性疾病的發生或發展直接相關，但並不必然地與良好的健康體適能聯繫。降低血脂水準、控制血糖等都能增強機體代謝性體適能減少各種運動不足性疾病的發生，並影響身體體適能的表現。

體適能（physical fitness）是以上三方面參數的綜合表現。一個健康的人，三方面的體適能參數至少達到適當水準使身體能擁有一定的健康、技能以及代謝相關的體適能成分。不同的體適能特徵之間存在著相互關係，但相互之間又有區別。一個擁有良好健康體適能成分者並不一定具有優秀的技能體適能，技能類體適能還涉及到一個學習過程，但要擁有優秀技能體適能的前提是身體要有良好的健康體適能。有些人體適能發展會表現出不平衡性，如有時爆發力特別大的人並非一定擁有特別優秀的心血管機能的體適能，同樣協調性極佳的人可能沒有特好的柔軟度。

從以上國際上對體適能與健康的研究方向來看，已經基本轉向與健康相關的體適能研究，尤其強調心肺機能、身體成分、肌耐力、肌肉爆發力和柔軟度對健康的影響，良好的心肺機能可以預防心血管疾病，特別是冠心病的發生；適宜的身體組成則可以避免由於肥胖導致的各種疾病；良好的肌耐力和爆發力是完成日常生活活動所必需的；柔軟度可以預防活動中的損傷，防止運動器官的老化。因此，這四個方面處於良好狀態就意味著人們能夠安全地從事工作生活，意味著能夠預防運動不足而引起的疾病，

最終與健康緊密結合。

（三）健康（Healthy）的概念以及其他新理念

1、健康（Health）

　　它無疑是人們關注的熱門話題。健康的概念是隨著人類對客觀世界認識的不斷深化和社會的不斷發展而改變的。過去，由於受傳統觀念、世俗文化，以及科學技術和醫學發展的限制，人們對健康的認識單純理解為「無病、無傷和無殘」或「健康是身體的一種動態平衡狀態」等，並將「沒有疾病」作為衡量健康的唯一標準。顯然，以上觀點都具有消極的成分，都不能準確反映健康的本質或全部。一般而言，沒有疾病只是最起碼的健康，又被稱作健康的消極面；更重要的是對疾病的抵抗能力，即維持健康的能力。聯合國世界衛生組織(WHO)於 1948 年在《WHO 憲章》中首次制定了對健康的定義是：「健康(Health)不僅是免於疾病和虛弱，而是保持身體方面、精神方面和社會方面的完美狀態。」健康的十條標準包括；(1)充沛的精力，能從容不迫地擔負日常生活和繁重的工作而不感到過分緊張和疲勞；(2)處世樂觀，態度積極，樂於承擔責任，事無大小，不挑剔；(3)善於休息，睡眠好；(4)應變能力強，能適應外界環境中的各種變化；(5)能夠抵禦一般感冒和傳染病；(6)體重適當，身體勻稱，站立時頭、肩位置協調；

(7)眼睛明亮，反映敏捷，眼瞼不發炎；(8)牙齒清潔，無齲齒，不疼痛，牙齦顏色正常，無出血現象；(9)頭髮有光澤，無頭皮屑；(10)肌肉豐滿，皮膚有彈性。

此後，WHO 在 1978 年 9 月召開的國際初級衛生保健大會通過的《阿拉木圖宣言》中又重申了健康的含義，指出「健康不僅僅是沒有疾病或不虛弱，而是包括身體、心理和社會適應等方面的良好狀態。」並同時指出：「健康是基本人權，達到盡可能的健康水準是世界範圍內一項重要的社會目標。」

歐盟委員會認為健康是一種積極的表現，其重點是強調個人對完美生活的潛在社會需求。健康是每個人日常生活所需要的一種資源，其本身不是生活的目標。健康顯然不僅僅是沒有疾病，更重要的是它是每個人面對生活各種挑戰從容應對的能力，是幫助個人潛能充分發揮的一種資源。從這個意義上講，健康是指過令人滿意和充實生活所必需的功能及能力。

在西方非常流行的《Concepts of Physical Physical fitness》一書在第十二版中提出關於 HELP 的健康哲學：HELP 哲學觀的提出為當今社會保障人類健康生存提供了理論基礎。HELP 是四個英文字母的首字母，H=Health，E=Everyone，L=Lifetime， P=Personal。理解 HELP 理論內涵將會幫助人們養成健康的生存方式，並影響終身。HELP 中的 H 代表健康，意即 Health。健康是生命的根本，

要使人們認識健康的重要性，而健康的生活習慣是健康身體的根本保證，只有從根本上理解和認識健康者，才能有效地付諸於行動，並保證良好的健康行為，而良好的健康行為將會有效地促進身心健康的發展，並保持身體具有良好的體適能。

HELP 中的 E 代表每個人，意即 Everyone。雖然人們要有健康的意識這一點很重要，但關鍵是要使每個人認識健康的重要性，進而使每個人都能保證有良好的健康行為，並影響周圍的每一個人。這裏健康教育非常重要，要使每個人認識到：終生都要保持良好的健康行為；健康效果顯現一般行為的改變；體育運動並非運動員的專利，體育運動不是為了藝術欣賞而出現，體育運動的根本目的是為了健康。這裏強調每個人，最終目的是為了消除國民的健康差距，促進全民健康。

HELP 中的 L 代表一生，意即 Lifetime 。每個人在年輕時可能並不會重視吸煙、酗酒、運動不足等不良健康行為對身體的危害性，只有到有疾病時才意識到這種行為的後果，要使人們認識不良健康行為具有累積性。從生命的早期就開始重視健康行為，就有健康行為的意識(比如終生體育意識)，將使你受益終生。健康的生活習慣實施的時間越早、越長，身體的受益時間就越持久，長期的健康生活習慣甚至還能改變某些疾病的遺傳改變。

HELP 中的 P 代表個人，意即 Personal 。迄今為止，

世上還沒有一種能包治百病的靈丹妙藥,同樣,增強身心健康、提高身體體適能也沒有單一的行為或運動處方,健康的生活習慣應基於個人需求,每個人都要根據個人的習慣,在此基礎上對自己的行為作出調整。指導者同樣要瞭解被指導者,做到因人而異,並要強調循序漸進。

2、全人健康(wellness)

　　近十年,西方國家又提出了全人健康(wellness)的觀念。全人健康類似於身心健康這樣的說法。全人健康包括情感(emotional)、智力(intellectual)、身體(physical)、社會(social)、精神(spiritual) 五個方面的內容。情感全人健康(emotional wellness)是指人們用積極、樂觀、建設性的方式來處理日常事物和個人感情。一個擁有情感全人健康的人可以用愉快或沮喪作為判別尺度。智力全人健康(intellectual wellness)是指一個人具有學習、應用資訊去提高生活品質和認識水準的能力。一個擁有智力全人健康的人可以用有知識和無知作為判別尺度。身體全人健康(physical wellness)是指一個人擁有應付日常工作和有效率利用時間的能力。身體全人健康包括良好的體能狀態和擁有有效的活動技能。社會全人健康(social wellness)是指積極接觸他人並建立有意義的關係來加強人際交流。社會全人健康(social wellness)可以用積極參與和孤僻、沉默作為判別尺度。精神全人健康是指人們建立價值觀和作用於自己信念的能力,也是樹立

有意義、建設性生活目的能力。精神全人健康(spiritual wellness)往往是基於要提高所有人的生活品質的信念。積極的生活態度對於全人健康和全人健康的各個方面都是必要的。一個健康的人應該對他的工作滿意、充滿激情、享受休閒時光、身體健康、積極參與到社會中，有積極向上的精神觀點。從健康（health）和全人健康（wellness）的關係上講，全人健康（wellness）是健康（health）的積極組成部分，所有人都可以從加強全人健康中受益，無論是否有疾病，每個人都需要全人健康，一個身體生病但卻擁有不錯的全人健康的人比一個沒有疾病但全人健康糟糕的人生活態度積極得多。從最佳健康到疾病甚至死亡是一個連續的過程。最佳健康就是表現為高水準全人健康（wellness）即身心完美合一。

3、身體活動(physical activity)、體育活動(exercise activity)、體育鍛鍊(exercise training)

當今，國際上普遍採用身體活動的概念，採用各種身體活動(physical activity)量表來推算個體在一段時間內身體活動量，進而通過身體活動量反映個體代謝當量、能量消耗，並且國外已經運用預防醫學、流行病學等學科方法採用多指標、前瞻性研究探討了身體活動與健康的相互關係，得出許多有價值的結論。身體活動（physical activity）的定義為：由骨骼肌收縮產生的身體活動，其可以在基礎代謝(BMR)的水準上，增加能量消耗。身體活動

可以有多種分類方法，包括以形式、強度和目的分類的方法。普遍的分類包括職業的、家庭的、休閒的、或者交通的。休閒時間的身體活動可以進一步再分類，如比賽的體育專案、娛樂活動(如徒步、旅行、騎腳踏車)和體育鍛鍊(exercise training)。體育活動(exercise activity)的定義為：有計劃的、有指導的、重複性的、和有目的的，在一定強度下，以提高或保持一項或多項體適能成分(素質)為目的的身體活動。體育鍛鍊(exercise training) 的定義為：提高體適能(身體素質)專門從事的身體活動。

目前，不少國家，如美國、加拿大等已設計出各種身體活動調查量表，從調查方式上，有些是通過選擇題反映活動量，有些是按時間填寫活動內容；從調查時段上，有些調查每天活動量，有些調查一周活動量，有些則調查一個月活動量；在某些探討身體活動的流行病學研究中，為了更精確地計算活動量，採用計步器、加速器、心率手錶來反映機體能量消耗狀況。而我國民眾體適能監測中大多設計調查問卷來反映個體參加體育鍛鍊的習慣，方法較於簡單，在這方面國內外研究水準存在較大差距，「社會發展以人為本，人的發展以健康為本。」隨著社會的不斷進步，人人渴望健康，追求健康已經成為時代發展的必然趨勢。WHO 所宣導的多元健康觀已經將健康的內涵大大擴展，突破了傳統健康模式的醫學範疇。健康是人類擁有的最基本權利，也是人類體現其社會價值最重要的標誌。所以，不

少學者為了進一步強化健康的本質和徹底改變傳統健康評估體系，提出了健康促進的終極目標：理想健康(optical health)或健全健康(robust health)。理想健康是指個體致力於維持健康狀態，並充分發揮自己最大潛力，以達到「身心合一」的整體完美(total well-being)狀態。理想健康的提出其目的就是強調人們要想獲得健康的終極目標，除了要擺脫疾病的威脅以外，還要積極地改善自身的社會、心理、教育、運動和營養狀態，使其真正獲得生理、心理和社會「多元化」健康，並享有完美的生活。需要強調的是，健康理念的演變是隨著社會發展而發展的，因此，人們對健康的評價和理解也是動態的。

4、健康的影響因素

健康的發展可能受到眾多因素的限制，遺傳、環境因素和個人受教育程度是三個主要方面。每個人的健康或多或少地受到遺傳和進化的影響或制約，眾多疾病的發生都有一定的遺傳因素作用；物理的(如：環境氣候、空氣污染)和社會性的(社會、家庭、工作環境、人際關係、經濟收入)環境因素都可以從不同角度影響健康；每個人受教育程度的不同，其社會價值觀也不一致，影響對健康內涵的理解和行為的實施，所謂的生活習慣也在很大程度上受到教育程度的影響。但無論如何，對當今社會中的所有成年人而言，身體健康對他們是最重要的(可能理解的程度會有差異)。一份美國公民社會價值觀調查顯示，99%的美國人最

關注的是身體健康，其次再考慮美滿的家庭生活與良好的自我形象。幾乎沒有人認為健康不重要。

健康的最終目標是提高所有人的生命預期，即人類壽命。在已過去的上個世紀，生命預期值平均提高了近66%。在美國，1900年出生的嬰兒平均存活47年，1930年則提高了10年，至今，人類的生命預期值為76年左右。人類壽命的提高是社會人口健康程度提高的表現。隨著人類生命的提高，人們開始追求生活的品質。有一個令人關注的普遍現象是，往往在人類生命的後1/5階段，即使身體沒有疾病，表現為顯性健康，但往往不同程度地存在著生活品質降低這一現象，造成社會負擔的增加。流行病學調查發現，生命前4/5階段不良的生活習慣對身體功能造成的潛在的負面影響的累積，是導致生命後階段生活品質底下的一個重要原因。不良生活習慣(比如缺乏運動鍛鍊或身體活動不足、吸煙、飲食不均衡)可以使人類生命處於非健康狀態，影響生活品質，限制人類壽命。研究證明，冠心病、高血壓病、肥胖、癌症、骨質疏鬆症等現代社會常見病的發生都與缺乏運動鍛鍊密切相關。年輕時代的運動不足同樣影響生命後期健康狀態和生命品質，一份冠心病危險因數調查問卷顯示，成年期冠心病患者在其幼兒時代，20%患者有肥胖症，10%患者有高血脂症和較低的心肺耐力。從這個角度講，獲得人類健康的一個根本途徑就是要養成健康的生活習慣，養成運動鍛鍊習慣，終生堅持身體鍛鍊。

三、結　論

　　「國民體適能已成為各國逐漸重視的主題，因體適能是所有活動的基礎，體能不佳將會影響日常生活之工作與學習效率和健康狀況，而且會導致醫療負擔增加和國國民體質衰退等後續問題。能享受運動歡樂，擁有良好體能，相信對個人之生命品質、社會之和諧康寧和國家繁榮富強皆有正面的助益。」[3] 提昇國民體能之主要關鍵，在於民眾能否養成運動習慣或增加身體活動機會，而要養成運動習慣對於健康體能或運動保健知能則要有所瞭解，並能於體育活動時感受運動熱趣與獲得社會之支持。良好體適能活動的提昇是多元且全面的，但重點在個人健康行為之養成，包括規律的運動習慣。參與運動及體適能計畫可以使人達到健康促進的效果，諸如：增加心臟的功能、維持肌力及肌耐力、改善關節的柔軟度、維持理想的的體重、降低慢性病的危機、降低慢性病所引起的死亡率、鬆弛緊張及減緩壓力、減緩老化的過程、改善工作士氣及克服情緒上的消沉、減少殘障率及缺工率、節省醫療照顧費用及開

---

[3]　參閱：國家臺灣師範大學體育與發展中心主編，方進隆總編輯：《教師體適能指導手冊》，序（台北：師大體研中心，1997，初版）。

支、延長平均餘命、積極改善生活型態及生活品質、使人感覺生活更幸福安寧等。體適能科學是伴隨人們對健康日益關注而快速發展起來的一門學科，近幾年體適能科學不斷湧現出新的概念，如全人健康（wellness）以及代謝性體適能（metabolic-related Physical fitness）等，而這些概念的提出展現的是人本主義思想以及促進人的全面發展需要，而在我國尚缺乏對這些新興概念的系統研究與應用，再比如，國際上應用身體活動這一概念系統研究了身體活動與健康、疾病發生之流行病學關係，這均是我們研究的薄弱環節，在未來還有許多可以加強的空間。

參考文獻

國家臺灣師範大學體育與發展中心主編，方進隆總編輯：《教師體適能指導手冊》，台北：師大體研中心，1997，初版。

美國運動醫學會主編，謝伸裕譯：《ACSM 體適能手冊》，台北：九州圖書文物有限公司，2002， 初版。

江雪碧：《提升美國體適能—「有氧運動之父」古柏歷史地位之探討》，輔仁大學，歷史研究所，碩士論文，2004。

Guidelines for exercise testing and prescription，

American College of Cardiology，American Heart Association，1986 Circulation，74，653A-667A。

Philadelphia:Lea & Febiger: Guidelines for exercise testing and prescription，American College of Sports Medicine，1991。

Pekka Oja，Bill Tuxworth: Eurofit for adults，Council of Europe Publishing，1995。

U. S Depatrment of Health and Human Service : Physical activity and health，Pittsburgh，PA，1996。

American College of Sports Medicine: ACSM′ s Guidelines for Exercise Testing and Prescription ，Lippincott Williams and Wilkins，2000。

Ottawa Charta : Health Promotion International，oxford University Press，2000。

Peter J. Maud，Carl Foster: Physiological assessment of Human Physical fitness，Human Kinetics，2000。

Charles B Corbin，Gregory J Welk: Concepts of physical fitness，McGraw-Hill Press，2002。

THE EUROPEAN AND AMERICAN FITNESS RESERCH PROGRESS AND ENLINGHTENMENT

CHIA FAN

Abstract

Goal of after the this research lies in studies the European and American physical fitness to be able and its progress the correlation domain, understood the entire European and American the physical fitness can and the correlation domain present situation, obtains inspires helps our country to study the body is suitable can the research development, its content includes: The body suitable can physical fitness concept and connotation, health concept, perfect wellness the introduction, the physical activity, the exercise activity, the exercise training the definition explained that, as well as the health influence factor and so on, finally will help our country using the research analysis conclusion future to develop the body to be suitable can and other correlation domains research information provisions.

Keywords：physical fitness、wellness、healthy、 physical activity、exercise activity、 exercise training

認識基因改造生物：從花園豌豆到侏儸紀公園

鄭達智
明道管理學院生命科學系助理教授
黃清江
明道管理學院生命科學系副教授
張禎佑
明道管理學院生命科學系副教授
姚國山
明道管理學院生命科學系副教授
張錦宜
行政院農業委員會水產養殖組副研究員
林金榮
行政院農業委員會水產養殖組組長
林金龍
行政院農業委員會水產養殖組組長
葉信利
行政院農業委員會海水繁養殖研究中心主任

摘要

本文主要目的在於介紹基因改造生物由來、現況及未來之發展給非生命科學主修之讀者，使之有正確之認知，首先介紹生物學的發展，再以最廣為人知之孟德爾傳統豌豆雜交育種實驗導入遺傳觀念，物種會自然演化，在沒有為人為介入之狀況下可以得到各種不同外表型之豌豆，緊接著說明造成此現象的機制，以及人為方式介入的各種方法，使得基因在同種或異種生物間轉移(基因轉殖)而快速育成所需物種品系，例如童話中能快速生長的魔豆。接著介紹真實世界的基因改造生物，以農作物為主題水生物為輔，因為基因改造農作物發展最快而且已成為日常中的食物，相對的也衍生出許多議題，例如食品安全、生態安全、風險管理、專利權、物種權以及社會大眾之接受度等討論，使讀者具備基本的認知。

關鍵詞：基因改造生物、食品安全、生態安全、風險管理、
　　　　專利權、物種權

一、前言

生命多樣性例如花、木、昆蟲、浮游生物及魚類等生命現象，人類一直嘗試去探究其規律，生物學的發展大致可分為三個階段（1）描述期：可從遠古時代原人山洞內的動物壁畫，到中國約兩千年之記載，在西方科學中可被追朔到文藝復興時代，例如達芬奇解剖並描繪人體構造圖。18~19世紀則有達爾文的進化論，許旺及許萊登的細胞學解說都做大量描述性及分類的工作。（2）實驗期：從19世紀中期起生物學的研究逐漸發展到探討現象成的原理，藉由精密的設計、實驗及先進的設備例如電子顯微鏡之助，了解到細胞及分子層面，包括孟德爾的遺傳定律、蛋白質及核酸物質及DNA雙股螺旋結構等發現，使生物學進入創造性階段。（3）創造性期：當DNA被確定是遺傳物質後，藉由DNA的剪接及操作能將特定片段DNA遺傳物質在跨物種間作轉移，使物種增加或減少特定性狀的表現，1972年將抗四環黴素基因送進大腸桿菌中，使其具有抗四環黴素之特性，開啟了基因轉殖在其他生物應用的大門，也引起了許多議題（上海交通大學，現代生物學導論）。

二、孟德爾的花園豌豆與傑克的魔豆

孟德爾生於現今的捷克，在布隆修道院時用花園豌豆
進行雜交試驗，紀錄結果並以數學方法分析而歸納出遺傳
法則，是屬於古典遺傳學，當時不了解所謂遺傳因子(基因)
的存在，直到1903年才知道基因位於染色體上。孟德爾做
的豌豆實驗其實就是在做同物種間基因的重新組合，但是
基因在自然狀況下仍會產生變異，例如增加、減少或喪失
功能，只是發生的機率並不大，所以要培育出人類所需求
的外表型(性狀)，完全靠機率，而人類所能做的只是選擇
所要的外表型子代培育，希望能孕育出穩定的品種，但是
往往要耗費很長時間，尤其是繁殖不易生殖週期長的生
物，當今之家禽、家畜及農作物大部分是由長時間以同種
或異種雜交而得。

雖然隨著當前生物學發展到創新階段，控制生物特定
性狀的基因已經漸漸被確認，加上應用各種物理化學或生
物方法，基因已經能在各物種之間作有效之轉移，亦即可
任意將特定性狀基因已人為的方式轉入到同種或異種生
物，不需再完全依賴自然的定律傳給下一代。這也就是我
們當前所謂的基因改造生物(GMO，genetically modified
organism)，因此我們可以了解，GMO只是以人為的方式促
進自然界發生之現象。以"傑克的魔豆"童話為例，那一
粒生長快速的魔豆是可能在孟德爾的豌豆花園出現的，只

是自然出現的機率非常的小，須耗上數百甚至數萬年，，現在藉由轉殖快速生長基因，可能使得傑克的魔豆不再是童話故事。

三、侏儸紀公園可能再現

遺傳訊息的傳遞：生物將特徵經由生殖作用傳給下一代稱之為遺傳，例如人的膚色及豌豆的花色，控制這些特徵的物質是位在染色體上的 DNA 序列單位稱之為基因，遺傳訊息的傳遞主軸由基因(DNA)本身經轉錄作用(transcription)成為 RNA，而 RNA 再被轉譯(translation)成為具有生理功能的蛋白質(圖 1)。

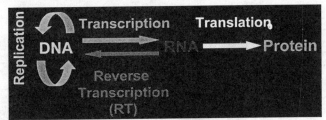

圖 1 遺傳訊息的傳遞主軸

轉殖基因的基本構造：用於轉殖之基因結構(圖 2)須包含(1)啟動子序列(promoter)其功能是帶動基因在定時定點的條

件下表現；（2）功能性基因(functional gene)序列，也就是其產物具有生理功能例如抗凍、抗蟲或促進生長；（3）停止訊號(stop codon and poly A) 序列，作用在於終止功能性基因之表現。

Promoter	Structural gene	Pol A

圖2基因結構

轉殖基因的方法：一般分為物理、化學及生物三大類，物理方法包括（1）顯微注射：利用微細針將所需基因直接注入目標生物細胞中；（2）基因槍：將基因塗抹在微小的金粉會其它惰性金屬微粒上，再施以氣壓使金屬微粒如子彈般打入目標生物細胞中，此種方法常用在具有細胞壁的植物細胞中；（3）電穿孔：細胞膜在適當的直流電場下會產生暫時性開孔，而使得外來基因得以進入細胞內。

圖3應用物理原理的基因轉殖儀器。基因顯微注射儀

（左）、[1]基因槍（中）及電穿孔儀（右）。

　　常用的化學方法是脂質融合法，以化學物質模擬細胞膜構造，包裹基因後再與目標生物細胞膜融合而達到基因轉殖的目的（圖4）。[2]常用生物方法包括（1）有病毒媒介法：將病毒致病基因除去後加入要轉殖之基因，再以此經人工改造過的病毒感染目標生物而使要轉殖之基因進入細胞內並插入染色體；（2）精子媒介法則是先使精子與要轉殖的基因接觸，附著或進入精子後，再經由受精作用穿過卵細胞膜、細胞質進入細胞核（圖4）。

圖4 應用化學或生物原理的基因轉殖方法。
脂質融合法（左圖）及精子媒介法（右圖）。

　　轉殖基因的穩定性：依研究目的可在生物的生命週期中任何階段將外來基因帶入，例如要增加外來基因插入被轉殖

[1]　圖片取自 http://www.bio-rad.com/B2B/BioRad/product/
[2]　圖片取自
http://www.biochem.arizona.edu/classes/bioc471/pages/Lecture18/Lecture19.html

生物染色體上時，則要選擇在配子(精、卵)時期或合子胚胎
時期。若轉殖基因進入細胞後沒有插入染色體上，會隨著細
胞分裂而稀釋及受到酵素分解而消失，該功能性基因蛋白質
產物及其生理功能僅能短暫出現後而消失，但是當轉殖基因
插入染色體，則隨著細胞分裂之染色體複製而同時被複製，
這樣轉殖基因不易被細胞酵素分解，而且易被傳遞到子代。

四、真實世界之基因改造生物

　　在微生物主要是酵母菌的改良以改良的麵包酵素及啤
酒酵母為主。其中麵包酵母1990年在英國已上市使用。植
物若依作物種類來分，則依序是大豆、玉米、棉花、油菜。
依轉殖基因功能而言，則依序是抗除草劑及抗病蟲。陸上
動物基因改造哺乳類主要生產特定具有醫藥價值的蛋白—
例如基因轉殖山羊生產人類凝血因子等(潘子明 2003；劉
麗飛及張孟基 2003)。水生生物基因改造研究就起步較陸
生生物遲，1989年才有基因轉殖魚與被發展出來。目前只
有螢光魚(圖5)核准上市，但是生長快速的鮭魚還被未核准
上市。

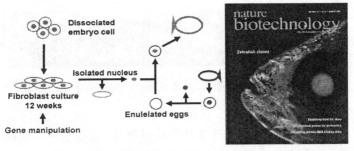

圖 5 複製螢光斑馬魚（Lee et al., 2002）

2000 年之後，主要研發重點(附表)有八項：(1) 發展
基因轉殖技術平台：以物理、化學及生物基因轉殖方法，
提升外來基因插入染色體之效率，結果 0%~60%的機率可以
傳給下一代(附表 1)。(2) 生殖控制：基因轉殖生物不具
有生殖能力，可以避免對生態之危害，有效成果尚未顯現
(附表 2)。(3) 生長促進：利用強烈表現生長相關基因之
手段，以達到快速生長之研究頗多，以魚類為主要對象，
結果生長速度從不增加到加速高達 30 倍(圖 6)(附表 3)。

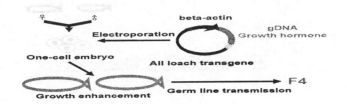

圖6轉殖生長荷爾蒙基因之泥鰍（Nam et al., 2001）

（4）抗病：利用免疫有效分子基因表現，發現皆可以使轉殖生物具有抗病菌功能，效率介於10%~70%(附表4)。（5）抗寒：轉殖抗寒相關基因亦會增加水生生物的抗低溫能力，但研究不多(附表5)。（6）風險評估：由於水域生態不易研究，所以許多研究已漸注重各基因轉殖水生生物之風險評估，以作為上市前之生物安全評估的基礎資料(附表6)。（7）生物指標或生物反應器：利用基因轉殖的水生生物成為環境監測指標或生產珍貴蛋白，結果顯示頗為可行，已漸受重視(附表7)。（8）觀賞魚：非食用之基因轉殖水生動物，因為沒有食品安全之問題較容易被消費者接受，成果有螢光魚系列(附表8)。

五、基因改造生物之安全性

基因改造生物是人為產物，因此有食物及生態方面的安

214

全性考量。雖然食品之安全性尚未有定論,但是世界衛生組織表示基因改造生物沒有食品安全之顧慮。在生態安全上的考量則是在於(1)是否危害其他生物:例如基因改良抗蟲害植物不只使植物病蟲害生物死亡,亦有可能使其他非植物病蟲害生物致死。又例如抗除草劑的基因改良作物的種植,雖有利使用除草劑來除雜草,但是亦會使其他以雜草為食物的非植物病蟲害生物沒有食物而族群數量減少,進而影響生態系平衡。(2)是否造成種類優勢化:例如經由基因改的造生長快速鮭魚,若進入常態之生態水域則可能成為優勢種,可能使野生種或其他餘種之生存受到絕種的危機。(3)有效區隔基因改造作物與非基因改造作物:種植基因改造作物可能因花粉傳播而與非基因改造作物互相混種,而在收獲、運輸或儲存方面也要避免混入非基因改造作物中(李國欽、徐慈鴻 2004)。

六、侏儸紀公園的危機/風險評估與管理

　　生態安全的顧慮、評估較為困難,這也就是電影侏儸紀公園中所描述的危機,造成生態的浩劫。如何降低此項危機的出現是目前基因改良生物之重要課題。基因改造生物可能

帶來的風險需要以科學的數據來驗證，例如基因改造植物花粉傳播的控制方法，目前雖然至少已有 1500 個田間試驗進行，但是確實長期生態或食品的風險仍未有定論。從實驗室的管理、田間的試驗到商業化的管理皆須靠立法條文，世界各主要國家皆制定法規在食品安全性及生態環境風險評估。食品安全性評估重點在證明基因改良產品與非基因改良產品是否實質之相同性，亦即基因改造產物沒有毒性。生態環境衝擊之評估則著重在，基因改良植物對其他生態族群之消長及外源基因之傳播。風險管理主要是根據風險評估的結果，權衡各項利弊，適時執行預防、控制及監控方案來降低風險的發生。目前我國現有相關的主要管理法案包括基因轉植田間試驗管理規範、基因重組實驗守則及基因改良食品安全評估辦法(李國欽、徐慈鴻 2004)。

基因改造作物與非基因改造作物共存是未來趨勢，所以長期性風險管理主要策略有(1)標示：由於基因改造食品(食品)上市，是否具有市場，各主要國家認為須由消費者自行在價格與長期之食品安全風險作抉擇，因此傾向立法要求基因改造食品須明顯、正確並易懂的標示在產品上面，各國標示要求標準各有不同，歐盟國家要求較為嚴格而美洲國家則較為寬鬆。我國則在 2001 年 1 月 1 日起採用自願標示，2003年 1 月 1 日啟則改為強制標示。(2) 可追朔性紀錄：歐盟國家要求基因改造食品有完整可追朔性記錄，從種植、運輸、

加工到消費者之間的流程,以利長期風險控管之依據(李素華 2004)。

七、魔豆與恐龍是誰的/專利權與物種權的歸屬

　　專利權保護範圍包括物種、方法及用途,而物種權僅限於該物種。世界各國的態度不同,已開發國家本著促進研發及商業利益,傾向專利權或物種權應歸為研發人員擁有,然而開發中國家為保護本國物種而僅支持物種權之保護對於專利權的保護則是不表贊同,未開發國家則認為專利權或物種權的保護是資本主義的剝削行為,因此完全反對物種權與專利權的保護,而我國則是不開放植物的專利權,但植物的品種及種苗法規於 2004 年 3 月 30 日立法通過(王美花 2005)。

八、社會大眾的接受度

　　各國經濟發展狀況同,基因改造作物(生物)在追求利潤

的前提下，造成的影響也有所不同，整體而言基因改造作物
（生物）可以增加大量生產及出口國之利潤。由於各國對基因
改造作物的安全看法不同，也引起了國與國的貿易問題，是
否進口基因改造農作物已成為爭論焦點，現今趨勢是有條件
的輸出及輸入基因改造作物。

美國於 2006 年對基因改造產品的民意調查顯示發現 3
年來贊成與反對基因改造產品的消費者並沒有顯著的改變
化，贊成與反對者的比例分別為 27%及 46%，而認為安全的
比例大約在 48%左右(Public sentiment about genetically
modified food, 2006)。而台灣在 2003 年與 2004 年中研院
基因體計畫消費者調查報告顯示，消費者對觀賞用的基因改
造產品接受度高於食用性基因改造食品，而植物性又高於動
物性產品，而資訊來源偏向電視，高達 40%(中央研究院 2003;
2004)。

九、結論

基因改造生物是以人為的方式加速外來基因進入物種
細胞以育成具有經濟價值之品系，目前以具有抗除草劑或抗
病蟲害能力之大豆、玉米、棉花及油菜為主要物種。上市前

後之食品安全及生態安全要審慎評估，風險管理要落實，專利及物種權歸屬要釐清，同時消費者有知及選擇的權力。

誌謝

　　本研究承農委會計畫編號農科-6.1.6-水-A6 之補助，研究期間承水產試驗所同仁及明道管理學院生命科學系大學部學生許浩展之協助文獻收集及整理，在此一併致謝。

參考文獻

潘子明 （2003），"基改轉殖食品與微生物之現況與前景"，基因改造議題－從紛爭到展望研討會論文。

中央研究院，（2003），「台灣基因體意向調查與資料庫建置之規劃」。行政院國家科學委員會基因體醫學國家型科技計劃，中央研究院調查研究專題中心。

劉麗飛、張孟基 （2003），"GM作物的現況與前景"，基因改造議題－從紛爭到展望研討會論文。

李國欽、徐慈鴻（2004），"GMO/GMF風險評估與風險管理方法"，基因改造議題－從紛爭到展望研討會論文。

李素華（2004），"各國GM管理法規及比較"，基因改造
　　議題－從紛爭到展望研討會論文。

中央研究院，（2004），「台灣基因體意向調查與資料庫建置
　　之規劃」。行政院國家科學委員會基因體醫學國家型
　　科技計劃。中央研究院調查研究專題中心。

王美花 （2005），"開放植物專利之利弊分析"，農委會
　　農糧署主辦「研商是否開放植物專利座談會」專題演
　　講
　　（http://gmo. agron. ntu. edu. tw/IPR/IPRmain. htm）

Nam Y. K., Noh J. K., Cho Y. S., Cho H. J., Cho K. N., Kim
　　C. G., Kim D. S. （ 2001 ）, Dramatically
　　accelerated growth and extraordinary gigantism
　　of transgenic mud loach *Misgurnus mizolepis*.
　　Transgenic Research, 10:353-362.

Lee K. Y, Huang H., Ju B., Yang Z., Lin S. (2002), Cloned
　　zebrafish by nuclear transfer from
　　long-term-cultured cells. Nature
　　Biotechnology, 20:795-799

"Public sentiment about genetically modified food,
　　2006 ", The Pew Initiative on Food and
　　Biotechnology
　　（http://pewagbiotech. org/research/2006update/
　　2. php）.

上 海 交 通 大 學 ， 現 代 生 物 學 導 論
(http://etc. sjtu. edu. cn/biology/class1/Chapter1. htm)

附表 水生生物基因改造研發現況

（綠色標示代表農委會/紅色標示代表國科會國經費補助）

附表 1 發展基因轉殖技術平台

Year	Species	Mediator	Integration
2003 Hostetler	Medaka	Electroporation	60% Germline
2003 Grabher	Medaka	Transposon	32% Germline
2004 Gonz	Medaka	Transformed & selected embryonic stem cells	Yes
2002 Jesuthasan	Zebrafish	Sperm nuclear transplantation	100% embryos
2002 Lee	Zebrafish	Somatic cells cloning	---
2004 Hwang	Ornamental fish	Nuclear transfer	---
2001 Lu	Ornamental fish	Microinjection/ electroporation/ lipofection	Unknown / GFP
2003 Overturf	Rainbow trout	Adenoviral vector	Yes / muscle
2002 Lu	Silver sea bream	Electroporated sperm/ testis lipofection	No, P1 55%-75%
2001 Sarmasik	Crayfish	Retrovirus/ gonad	F1
2000 Tsai	Fish / shellfish	Electroporated sperm	Yes
2001 Buchanan	Oyster embryo	Electroporation / lipofection	Embryo
2000 Li	Freshwater Shrimp	Spermatophore microinjection	F0/ day 21
2000 Tseng	Tiger shrimp	electroporation	Yes
2005 Sun	White shrimp	Electroporation / Microinjection / lipofection	Unknown /transient
2004 Maufc	Green algae	T-DNA of Agrobacterium tumefaciens	Yes
2000 Jonak	Frog	Sperm	F

附表 2 生殖控制

Year	Species	Promoter	Gene	Result
2003 Kawamura	Medaka	Medaka bt actin	Estrogen receptor	Estrogen receptor did not affect gonad sex determination
2004 Lee	Tilapia	—	Sex differentiation genes	Gene cloning and expression pattern
2004 Kuo	Tilapia	—	Reproduction hormone genes	Gene cloning and expression pattern (GnRH / GtH / RACK)
2004 Chen	Fish	—	Reproduction hormone genes	—
2004 Lu	Fish	—	Aromatase	—
2004 Hwang	Ornamental Fish	—	GtH receptor	—

附表 3 生長促進

Year	Species	Promoter	Gene	Fold increase
1989	Carp	mMT	Human GH gene	1.1
1990	Carp	RSV	Rainbow trout GH gene	1.2-1.4
1993	Carp	RSV	Rainbow trout GH cDNA	1.2-1.4
1992	Carp	mMT	Human GH gene	1.7
1999	Carp	cBt-actin	Salmon / Carp GH cDNA	0.0- 1.0
1992	Catfish	RSV	Salmon GH cDNA	1.2
1986	Loach	mMT	Human GH gene	2.0
1995	Loach	opAFP	Salmon GH cDNA	2.6
2001	Loach	IBt-actin	Loach GH gene	Max. 30 F1
1996	Tilapia	CMV	Tilapia GH cDNA	1.8
1995	Tilapia	opAFP	Salmon GH cDNA	2.0
1999	Tilapia	opAFP	Salmon GH gene	3.0 (F1-F2)
2004 Wu	Tilapia	—	Growth related genes (616)	Cloned
2004 Wong	Tilapia	—	Growth related genes (384)	Cloned/ microarray
1992	Salmon	opAFP	Salmon GH cDNA	3-10
1994	Salmon	sMT/ sHist	Salmon GH gene	6-11
2001/ 2002 Chang	Sweet fish	sPit/ sMT	Sweet fish GH	increase
2001 Lu	Fish/ shellfish	—	Double muscle gene cloned	Expect muscle growth
2004 YU	Shrimp	—	MIH	cDNA / recombinant protein

附表 4 抗病

Year	Species	Method	Gene	Result
2002 Dunham	Catfish	CMV electroporation	Cecropin B	Enhance F1 immunity to *Flavobacterium columnare* (70%) *Edwarddiella ictaluri* (26%)
2004 Weifeng	carp	Electroporated sperm	hLactoferrin	Enhance Fo immunity to *Aeromonas hydrophila*
2004 Chang	Grouper	Cloning/ sequencing	Virus genome sequencing/ EST cDNA	Virus ORF (>120) Fish virus interaction genes
2004 Wu	Grouper	Gene cloning	NNV protein	siRNA inhibit NNV replication in vitro
2002 Sarmasik	Medaka	Electroporated fertilized eggs	Cecropin B	Enhance F2 immunity to *Pseudomonas fluorescens* (30%) *Vibrio anguillarum* (10-30%)
2002 Lu	Tiger shrimp	Gene cloning	AMP (monodoncin)	Anti-fungi, G+, G- / patent pending disease resistant shrimp
2004 Song	Tiger shrimp	Gene Cloning	AMP/ HSP	Antibacteria
2004 Lou	WSSV	-----	Total Virus gene products	-----

附表 5 抗寒

Year	Species	Promoter	Gene	Result
1995 Wang	Goldfish	CMV	troutAFP	Cold tolerance enhaced
2001/2002/ 2003 Wu	Carp	CMV/ CIP	Creatine kinase	Zebrafish cold tolerance enhanced / -----

附表 6 風險評估

Year	Species	Phenotype	Criteria	Method	Result
2004 Chen	GMAO	-----	-----	Detection	-----
2002 Dunham	Carp	Growth enhanced	Tolerance of low dissolved oxygen	----	No difference
2004 Nam	Loach	Growth enhanced triploid	Reproduction	Transgenic male x non-transgenic female	Gonad depressed/ sterility
2004 Howard	Medaka	Growth enhanced	Reproduction	Modeling mate behavior	Torjan gene effect
2004 Bessey	Salmon	Growth enhanced	Reproduction	Observation	Fertile in culture environments
2003 Jhingan	Salmon	Growth enhanced /diploid/ triploid	Disease /Heat resistance	*Vibrio anguillarum*/ Heat shock	No difference
2002 Masri	Salmon	Growth enhanced	Exsogenous gene	PCR detection	Accuracy 100%

附表 7 生物指標或生物反應器

Year	Species	Promoter	Gene	Result
2002	Zebrafish	Hsp 70	GFP	Cadmium
2003 Gong	Zebrafish	Mylz2 (muscle specific)	GFP/ YFP/ RFP	3%-17% total muscle protein
2001 Lee	Rotifer	CMV	EGFP	0.7% F0, non germline
2001 Chen	Algae	Ubiquitin-omega	Neutrophil peptide-1	Functional protein (in vitro)
2002 Lee	Algae	Hsp 70 +rbcs.2	RFP / Fish GH	43.3% F0, germline/ ----
2003 Lee	Algae	Rbcl	Promoter cloning	----
2003 Mayfield	Algae	atpA or rbcL	MAB	Functional protein bind herpes virus

附表 8 觀賞魚

Year	Organism	Promoter	Gene	Result
2001 Hsiao	Medaka	CMV	GFP	Fluorescent enhanced
2004 Kinoshita	Medaka	Medaka skeletal muscle actin	GFP/ RFP	Fluorescent under day light
2002 Wan	Zebrafish	Muscle specific Skin specific	GFP / RFP	Fluorescent
2003 Gong	Zebrafish	Muscle specific (Mylz2)	GFP/ YFP/ RFP	Fluorescent under day light

Introduction of Genetically Modified Organisms: form Garden Pea to Jurassic Park

Cheng ta-chih , Hwang ching-jang , Chang jeng-you , Yao kuo-shang , Lin jing-rong , Yei shing-lee

Abstract

The main purpose of this article is to introduce genetically modified organisms to none life science major readers. The objective concepts of genetically modified organisms are emphasized. In beginning, development of biology is presented and followed by selection and breeding concepts. Thereafter, mechanism of specie evolution and genetics are introduced. Explanations of molecular biology and how it can be used to modify living organism phenotype are mentioned. The examples of genetically modified organisms are Jurassic Park and Jack's magic beans to make the concepts interesting and easily be understood. Other examples of genetically modified organisms include agriculture products and aquatic organisms. Meanwhile, patent, food safety, ecology safety, risk assessment, public perception, intellectual property issues are also discussed.

Keywords: genetically modified organisms; food safety; ecology safety; risk assessment; patent; specie property

雪廬居士行誼及貢獻探析

許淑華

明道管理學院中文系助理教授

摘要

雪廬居士一生行誼之貢獻，主要在啟發眾生之菩提覺性並引領趨入涅槃解脫之境，前者主要落實於「廣學三藏教」上，至於後者則以「不改彌陀行」為主旨，以此實現社會教化及慈善救助事業，居士堪稱民國以來居士界之典範。

關鍵詞：雪廬居士 李柄南 李雪廬 雪公 行誼 貢獻

一、前言

　　雪廬居士乃佛教界巨擘，一生弘護正法，興辦各類文教慈益事業，對於宗教及社會安定，貢獻良多。其於近代中國佛教史上，論其事功之影響及佛教思想之弘演，鮮有能出其右者，故知居士於佛教史上必有其地位。由於早年學佛深受老人影響，多年來卻未能對老人的思想與行述事蹟有全盤性了解；又晚近學界雖不乏對於老人學行的研究與論著，惜多未能盡廬山全貌。因此，便嘗試探析雪廬居士一生行誼及其貢獻。

二、儒佛兼弘、淨化人心

　　雪廬居士一生對於儒學，躬親力行，卻不墨守成規，且博學多藝，生平所學，兼採眾長，未嘗專主一家；且不囿於門戶之見，主合理取捨為準繩。[1]此或與居士稟賦優異，交遊廣汎之任俠個性有關。居士曾言：「依聖教量，述而不作，是大覺悟；語無深淺，有益眾生，是好文字。」觀居士的著作，雖主述而不作，卻多發前人所未發之見地，其講學不在為己，亦不求創作，凡能益眾者，皆其職志，述而不作，不僅體現於儒學，亦展現於佛學。居士以儒學為世間人倫綱常之基石，而以佛法為出世離苦得樂之妙藥，世出世法皆不可偏廢，然欲立足於社會，須以儒行為

---

[1] 朱葵菊：〈第十一章李顒的「悔過自新」思想〉，《中國歷代思想史‧清代卷》六，台北：文津出版社，1993.12.，頁 293~294.

待人接物之準則，而內薰以菩提慈悲之佛法，居士提倡外儒內佛，其行誼實為時下學人立下良好之典範。

（一）立學佛人格標準

　　雪廬居士特重人格的涵養，所謂「人格」，須合乎「人性」的「格式」，[2]換言之，即印祖所指之人應具有「仁、忍、任、盡」四種德能[3]之品質，擴而言之，即國父所謂：「忠、孝、仁、愛、信、義、和、平」八德，此即近乎「人格」[4]之義涵。居士於六十歲之際，山河變色，遂渡海來台，值大陸推行馬列教育，大肆摧殘固有文化倫理；在台灣也因西方思潮東漸，遂使固有倫理文化殘破凋零。居士鑑於此，為詩嘆曰：

> 反倫掘墳禁漢字，滅族戕性書全燒；九陽熾空雪如手，迅雷風雨朝復朝。豺狼當途鳳麟死，荊棘遍種除良苗；黃泉碧落抑人世，大惑塞胸無可消。素乎行乎有時待，深淵同溺誰援超？[5]

由於道德淪喪，戰亂頻仍，人間擾攘，居士認為只有力行儒佛教化，方能針砭時弊。居士一生期待實現人間淨土和大同世界，[6]然而，就世間法而言，立住人格，則近乎道，社會混亂，烽火四起，皆由於世人背道而馳，禮、義、廉、

---

[2] 李炳南：〈人性人格與教育〉，《李炳南居士全集·弘護小品彙存·（八）通俗演講稿表》，頁 395.

[3] 釋印光：〈人字發隱〉，《印光大師文鈔續編》下，頁 496.

[4] 李炳南：〈人性人格與教育〉，《李炳南居士全集·弘護小品彙存·（八）通俗演講稿表》，頁 395.

[5] 見〈狂歌謠〉，《李炳南居士全集·雪廬詩集下·辛亥續鈔中》，頁 143~144.

[6] 李炳南：〈零刊辭〉，《明倫社刊論文彙集》，第一集，頁 2.

恥等為人之道淪喪所致。倘若人格無所立,即便學佛,亦
難成就,居士曾明示:

> 可惜今日之下,學佛者雖愈來愈多,但能端正人格
> 者寡。多是一些不切實際,喜歡談玄說妙之輩,如
> 此,即便學佛萬年,也不成功。守住人格,便是學
> 佛的初基。[7]

就世間法而言,居士以儒家學說為本,究其實儒家學說即
為守住「人格」的學問,由此方能言及治國平天下。儒家
代表經典為《論語》,而《論語》可說是儒家文化之精髓,
收錄至聖孔子生平之嘉言懿行。孔子思想即為仁學之思
想,以忠恕貫攝之,居士之《論語講要》[8]即依此為脈絡,
大弘法化,藉以振興人格,期能挽救衰弊之世道人心。

(二)倡儒佛同源思想

居士一生行誼旨在轉移污俗,弘護正法,其思想特色
不外乎儒、佛二門,然其儒佛特色在於兼容並蓄,相互顯
發,此種儒佛兼修,彼此融會之思想,主要體現於其一生
之行誼,故能影響深遠,照耀千古。

1、儒佛同源思想

雪廬居士的「儒佛同源」說,以為儒釋二家,同樣是
建築在「探究心性」的基準上,見其所言:

> 內道是佛法的心內求道,佛經稱內學,而孔子之學也

---

[7] 李炳南:〈人格是學佛的初基〉,《李炳南居士全集・修學法要》,頁 330.
[8] 李炳南:《論語講要》,台中:青蓮出版社,2003.12.

> 是內學。怎麼個『內』法呢？這個『內』是指研究本
> 性，孔子之道與佛法之道一樣，學之皆能成就。[9]

就探究內在心性的觀點上，認定儒佛同源，故以「內學」
來聯絡孔子之道與佛法之道。凡是向心內求法，探求人生
哲理，以為人生之行為準繩者，皆內學所攝，即是儒釋二
家之意旨。《尚書》為一本最古老之政治哲學典籍，亦記
載：「克念作聖」，即明言聖凡之別，在於能否於心念上
下功夫，否則「罔念作狂」，將不可收拾。孔子言「志於
道」，又示顏子「克己復禮」之法，即「克念作聖」之別
釋，概皆不離內學之範疇。居士繼承此一道統，故於講《禮
記‧學記》時，引〈兌命〉：「念終始典于學」而言：

> 念者，妄念也。吾人之心，寂然不動，如水湛然，
> 明足以照萬物。動成妄念，如水興波，失其照用矣。
> 是以《尚書》云：「克念作聖。」以凡念皆妄，克
> 己始得歸真。終始者，人之妄念，終而復始，永無
> 間斷也。典為聖人之經典，學者惟將妄念置于聖
> 典，始能反妄歸真；若典之不明，則須求學。此儒
> 家修持之一端。[10]

雪廬居士對於儒家「克念作聖」，即以心念解之，念依心起，
心有鑑照之功能，心若不能覺照，則妄念必起，則必起惑，
故以心念為焦點，觀察起心動念，使其歸於聖人之教化，
則為反妄歸真之門徑，實則已落入佛法之思維範疇，然儒
釋二家能如此相關聯，皆以心為其橋樑，可證居士承續古

---

[9] 李炳南：〈新元講席貢言一世出世法本立道生〉，《雪廬居士老雪廬居士
　全集‧修學法要》，頁216.
[10] 李炳南：〈念終始典于學〉，《李炳南居士全集‧述學語錄》，頁49.

德儒佛同源之思想。居士於講述《論語》:「君子有九思」
時,從身口意三方面闡揚此章義理,居士曰:

> 君子學佛首須學為人之道,以人道若隱,則三塗隨
> 現,欲求成佛,豈非夢言。為人之道,先學君子。
> 《論語》:『孔子曰:君子有九思,視思明,聽思聰,
> 色思溫,貌思恭,言思忠,事思敬,疑思問,忿思
> 難,見得思義。』此九思乃君子之學。曾子亦言『吾
> 日三省吾身』,乃其自修功夫,不若此九思之能適
> 用於一般學人。[11]

此章雖為《論語》章句,卻見居士援佛釋儒,並以學佛為
其前提,學佛仍須學為人之道,亦即須培養健全人格,以
此為學佛初步,否則辱沒人格,必入三途,更遑論成佛?
至於學為人之道,則可從身口意三方面著手,即以觀照吾
人身口意來實踐學佛之初步。就身體方面則須視思明、聽
思聰、色思溫、貌思恭。所謂「視思明」即所謂要有先見
之明,然此非肉眼所能為力,必待慧眼而後可。吾人面對
紛擾之外境,須用因緣果法則去觀察,方不被外相所惑。
至於「聽思聰」須聽言外之意,如聽彈琴須聽絃外之音,
如此方能謂之聰。人常不免遭遇障礙,皆由不能聽懂言外
之意所致。故知能「聽思聰」方可謂善聽。又「色思溫」,
常人面容,或失之嚴厲,或失之溫和,很少能達到中和。
孔夫子能以作到:「望之儼然,即之也溫」,實為學者良模;
然而就「貌思恭」論之,人的舉止欠恭,即是失態,輕則
為人譏笑,重則害公妨道。是以儒者有威儀三千之說,佛
家律儀尤其嚴格,今人縱使不能完全履行,對於國民生活

---

[11] 見〈念終始典于學〉,《李炳南居士全集·述學語錄》,頁 27.

規範實在不容忽視。以上皆可見雪廬居士之提示，對於吾人日常舉止，應事待人，皆能合乎情理。就言語方面則須「言思忠」，所謂言思忠，凡所說的話，不自欺欺人，即是忠。凡事出以巧言，以達成私利的，必為人所不齒，非君子所應為。學君子的人，每出一言，當思如何盡到忠誠。可見居士要人言語必出乎真誠，不自欺、不欺人。就意念方面，須合於事思敬、疑思問、忿思難、見得思義。所謂「事思敬」，須分辨恭與敬，敬與恭相表裏，恭為外表，敬屬內心。人做事皆不苟且，叫做敬。夫子入太廟，每事問，有人以為夫子不明其事，實則表示孔子敬事的態度，故《曲禮》云：「毋不敬」；又「疑思問」，須知對於事理不能究竟明白，叫做疑。求學的要點，在求明白事理，若有不明之處，即應請問於明師益友，不可存疑，尤其不可以似是而非的事理教導他人。見雪廬居士教人，不論求學或處世做人，要在能不恥下問，韓愈《師說》所謂「聖人無常師」，如此方能見識博大，徹明事理；就「忿思難」而言，「忿」為唯識學中「隨煩惱」之一，難是在發怒之後，難於收拾。此種煩惱人人皆有，不想辦法制止，後果往往不堪設想。如交友三年，忿怒時一語寒心，溫情全拋，故為學者，忿怒之時最應該忍耐，假設忍不住，也要思考一下它的後果，絕不可出語傷人心。居士教人要三思後行，不可一怒而造下難以收拾之事；最後為見得思義，所謂「見得思義」，重在此義字。得者，不只是名利，凡可見得到的，最先須想到是否合乎道義，合乎義就可得之，不合則捨棄。《禮記》說：「臨財毋苟得」就是此理。人人若能做到這九種，就可得到福德。[12] 凡事皆應以「義」為門檻，不可任貪念作祟。

---

[12] 以上參見〈念終始典于學〉，《李炳南居士全集‧述學語錄》，頁 28-29.

如此方可顯現君子之高潔。

在中國哲學思想上的重要命題之一，即探究道的問題。就儒家而言，《中庸》有所謂「天命之謂性，率性之謂道」，即吾人能順著天命之性而行，即為順道而行，因此倘若能知天命便能知《中庸》所謂之道為何。居士講授《大學》章句：「大學之道，在明明德，在親民，在止於至善。」時，即指出「明德」為吾人本具之德行，等同於佛家之「本性」，此指道體而論，據此而推，則《大學》之道與《中庸》之道並非異轍，道體之內容為吾人本具之佛性（或稱為本性），故知天命即吾人本具之本性或稱心性。至於此本性之性質為何？在儒家《易·繫辭上傳》釋之曰：「易，无思是也，无為也。寂然不動，感而遂通天下之故。」易以太極為本體，其本體亦為吾人本具之心性，是「無思無為」，即不可思議，其相用卻非枯寂，故能如鏡照物，胡來胡現，漢來漢現，故曰：「寂然不動，感而遂通天下之故」。由上可知，居士將心性做為儒家之道體，因此巧妙地將儒佛聯繫起來，以此融會二家，使儒釋二家不致分流，甚至角立，實為深具智慧之表現。

（三）闡外儒內佛行誼

雪廬居士闡外儒內佛行誼；其特色在於融會儒學與佛學思想，使能貫通世出世法；且強調外儒內佛，樹立居士學佛典範，實有其理論基礎與社會需要。以下分別申論之：

1、盱衡社會背景

就社會現實面而言，佛教在中國之發展，以大乘佛法為主，因此弘揚佛法者與群眾有著密不可分之關係，尤其是寺院叢林仍須接觸群眾，以利佛法之弘揚。細而究之，古

來叢林道場,均具法師、方丈、知客三職務,權責分明。所謂「法師不辦事,方丈不講經」,各司專責,其目的皆在於能領眾,使眾生各得其益,因此通達人情便為度眾要務。佛法本以究心為務,相較於究心之內學,待人接物、通達人情,則為外學,故有外儒內佛之說。台中佛教蓮社成立時,居士曾以「講演儒佛經典」作為蓮社創立之首要任務,並在「固有家珍謹防假冒」講表中表示,應秉持「外儒內佛」之原則:

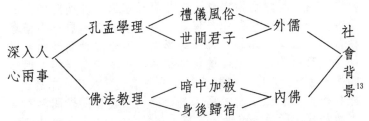

居士在表中以儒佛同源為基礎,以二家同為「深入人心」之事,然因應社會背景,儒釋二家仍有不同之歸趣。孔孟之學,實為造就世間君子,並以禮儀風俗來教化社會,以期建立詳和之社會。行儀表現於個人外表,又為儒者所重,故可稱為「外儒」;然就個人之內心而言,則薰修以佛教法門為要,故可稱為「內佛」。佛法雖浩瀚,要皆不出心法,且皆是覺悟之法,其所要建立的範疇,非僅止於現世,而是普及過去、現在、未來三世,又非僅止於吾人所處之國土,而是擴及十方世界。其學說要旨不外乎要人能開拓心胸,不要目光如豆,眼光短淺,又要人能重視己靈,現前所做所為,皆為來世之果報,因此要為身後歸宿打算,而

13李炳南:〈固有家珍謹防假冒〉,《弘護小品彙存》,台中:青蓮出版社,1996.3.,頁332.

吾人身處於此界，多有苦厄，仍須仰仗三寶加被，方能脫險。然佛法非心外求法，求三寶暗中加被，實為求己心之加被，以心、佛、眾生為同體，故佛法為向內心追求之法，稱為「內佛」。

　　居士示現在家學佛之身，處於五濁俗世中，終日與群眾為伍，其律己嚴遵佛家戒法（菩薩戒），與出家眾不同者，既不能接受供養，又需資財來興辦各類文教慈益事業；一面講經說法，一面應酬辦事，若不能內而深究佛法，外而鍊達人情，實難面面俱到，若非真正掌握「外儒內佛」之精神，一切塵勞恐難化為佛事。為廣度含識，居士不僅專精醫學、法學、儒學、佛學等學問，並確立世間學問可以修身，可以濟世，並以儒佛為綱領，引心走向光明，返迷歸悟。易言之，以之喚起大眾的良知良能，故以「志於道、據於德、依於仁、游於藝」為藍圖，一切世間學問無不為「游於藝」所攝；處世待人應「依於仁」；心念上應時時據之以德，故言「據於德」；如此則心志趨向於道，故言「志於道」。（此處居士所言之道，擴及佛家之道，包含解脫義）故知一切學問應具有正德利用厚生之用，而不止是為一己追求名利之私而已。居士認為世間學問最徹底處在於「修明性德」，而出世法則在「先知無我」，見其勉勵中國醫藥學院醫王學社同學曾說：

> 求學要得到根柢，先修明性德，以真才能，貢獻社會。學佛要先知無我，發心利眾，直心道場，不可浮誇。[14]

可見居士以佛法利眾存心，並以貢獻社會為目標，此皆外

---

[14] 參見《雪廬老人法彙》，台中：青蓮出版社，1988.4.，頁 42.

儒內佛思想之注腳。

2、外儒內佛思想

　　雪廬居士外儒內佛之觀點，踐跡於印祖而發揚之。如居士言及儒、釋、道三家之相異處，有云：「周孔醫世，佛陀醫心。譬諸月魄，體無闕圓，用不其一，維時所之。」又言：

> 吾以『佛』存心，以『儒』辦事，以『老』處世。亦即以佛之慈悲為懷；以孔子之有為有守、賞罰分明來辦事；以老子之三寶：慈、儉、不敢為天下先，為處世原則。[15]

居士雖以儒佛同源為會通，此乃就其收攝處而論，若就開展面而言（以社會目標之達成著眼），彼此仍有差異之處。居士以為佛家重在觀心，以心為萬有之根本，身口意之發動，無不因心而起，為能制心，故須持戒修定開慧，重在出離三界。至於儒家則著重待人處世，強調人與人之間的相處方法，亦即須合於倫常之道，以世間美滿和諧為經營目標。至於老學，則以恬淡、寡欲為目標，少欲則少煩惱，以此調和儒家之道，達成美滿和諧的生活。居家學佛之士須顧及營生，又不能荒廢道業，因此可以看出居士強調入世精神，而外儒內佛可說是適應社會生活之極佳典範。歷史上外儒內佛例證，亦常為居士所援引，其於〈佛誕節談民族文化〉一文曾言：「我民族文化，億民兆民差不多都是外儒內佛。」[16]又云：「請查看歷史，自魏晉以來，歷代良

---

[15] 雪廬居士於民國68年4月23日為台中蓮社辦事弟子講話。
[16] 參見〈佛誕節談民族文化〉，《李炳南居士全集‧弘護小品彙存‧佛誕

將名相、鴻儒奇士，以至墨客騷人，多數精研佛典。」[17]歷代儒佛兼修者如東晉王導、謝安，唐相房玄齡、杜如晦、李白、杜甫、王維、白居易、柳宗元，北宋宰相范仲淹、司馬光，元代宰相耶律楚材、劉秉忠，明代宰相姚廣孝等皆是佛教徒。佛法自東漢傳入，至唐大放異彩以來，儒佛皆以心性為根源，故能相互融會，相輔相成。至於歷代高僧，亦多儒學根柢深厚之士，迺因成佛必得具備良好美德之故。就文化內涵檢視，居士之「外儒」思想，主要是恪遵儒家「五倫」思想，實行「仁、義、禮、智、信」之美德，並以此待人接物，以仁者襟懷處世，積極入世，教化百姓，發揮「民胞物與」之精神。觀居士一生行誼，與孔子一生相仿，雖身處兵馬倥傯時局，皆孜孜於講學弘道，賑急濟生，席不暇暖，不疲不厭。居士處世言談，多是嚴以律己，寬以待人，即使被別人責備，卻能如流水般順從，實難能可貴。在台弘化三十多載，居士所受委屈何其多，故嘗云：「我渾身是瘡疤」，[18]卻無絲毫怨懟，正如《尚書·秦誓》所言：「責人斯無難，惟受責俾如流，是惟艱哉。」[19]真正是謙謙君子之德馨。居士又常以「慎獨存誠、不欺暗室」自我警惕，凡事皆光明正大，不苟且。[20]見居士待人接物，如《台中蓮社社歌》詞云：「陶來謝來平等恭敬」，對童叟貴賤一律謙虛，凡見僧寶必虔心頂禮，訪客必送至門口，篤守儒家禮儀風範。綜觀居士一生以言教、身教來實

節的宣言》，頁 93.

17 見〈佛誕節談民族文化〉，《李炳南居士全集·弘護小品彙存·佛誕節的宣言》，頁 93~94.

18 見《雪廬居士師訓集錦》，台中：青蓮出版社，2000. 11.，頁 16、72.

19 阮元校勘：《十三經注疏·尚書》，台北：藝文印書館，1976，頁 314.

20 戒光：〈談雪廬居士的飲食起居〉，《明倫月刊》，193 期，頁 56.

踐儒家忠恕之道,並以此教導弟子。再者,居士之「內佛」
思想,主要闡揚佛法心性之學,以體證心性「寂而常照,
照而常寂」不可思議妙用,倡導淨土念佛法門,以極樂為
依歸。居士之佛學思想,恪遵古來大德之主張,首先須發
菩提心,若不能發菩提心,則一切善行如同魔業。所謂「菩
提心」,即求覺悟之心,進一步說,即要發「上求佛道,下
化眾生」之心。檢視居士一生參禪八年、修密八年、研究
唯識八年,末後念佛五十餘年之工夫,都是為發菩提心廣
度眾生而修持的。居士佛法教化之原動力,歸穴於能以
「慈、悲、喜、捨」之胸襟,興辦各類度眾事業,所謂「慈」
是給予眾生安樂,「悲」是要救拔眾生憂難,在度眾上不覺
路途辛苦,以歡「喜」心,「捨」棄對立分別,平等救拔一
切對象,此即建立在「眾生皆有佛性」、「皆可成佛」之基
礎上。居士一生密護諸宗,勸人念佛,導歸淨土,末後示
現念佛往生;以通途法門,多仗自力,不易成就,故主末
法時期淨土成就,遂躬親實踐,以為後世典範。

　　總而言之,雪廬居士外儒內佛之思想,實可含蓋世出
世間一切學問。居士曾云:「以佛法繕心性,以倫常作經濟,
以科學應事物,以藝術為遊戲。」[21]即佛法為心法,可以對
治心內之煩惱妄念,開顯本有之心性光輝,此為「內佛」
之範圍;至於儒家則側重五倫十義,以此思想為經世濟民
安邦定國之良謀,此為「外儒」之範圍;至於科學方法技
術及琴棋書畫等各種藝術,不僅可以改善生活品質,同時
亦可調劑身心,統歸於「游於藝」之範疇,凡是能利益大
眾,為度眾權巧方便者,皆為儒釋二家所攝。居士曾比喻:
「人身有氣也有血,二者缺一,人身不存。」又言:「我族

---

[21]　陳雍澤:《雪廬老人儒佛融會思想研究》,台中:青蓮出版社,
2006.3.5,附錄 5.

文化有儒有佛，如缺其一，現在將來皆不圓滿。」[22]顯見居士以為儒佛二家，已為我民族文化之要素，正如氣血之於人身，不可或缺，應各取其長。孔德成先生曾讚揚居士：「道倡倫常道，心為菩提心」，以此最能詮釋居士「外儒內佛」之特質。

3、雪廬風範見證

雪廬居士一生講學，不離儒佛內容，且能儒佛兼弘，擺脫多數佛徒「重佛輕儒」之偏見，強調儒佛融合思想，其於〈明倫月刊零刊辭〉曾云：「我國純正文化，就是漢魏後的儒佛融合文化。」[23]顯見居士儒佛融會思想其來有自，雪廬居士一生除倡導儒佛融會思想外，其所展現之外儒內佛風範，亦深得各界讚許。居士入室弟子果清法師為律宗大德，中年出家，持戒嚴謹，曾言居士之教化：

> 老恩師於佛學及儒學一概精通，造詣深厚，自奉甚儉，但有餘錢均奉獻出來，給公家辦事，或救濟貧困災難。他是大公無私的，以身作則，平時忙於法務，忙到無暇生病。親近他老人家的人不少，國內外都有，受他的感化很深。[24]

果清法師以為雪廬居士通達儒佛，不僅止於學問，亦能身教示範，一生為公，嚴以律己，寬以待人，深受其言行感動。

又仁俊法師憶及雪廬居士風範曰：

---

[22] 見〈佛誕節談民族文化〉,《李炳南居士全集・弘護小品彙存》，頁96.
[23] 李炳南：〈零刊辭〉,《明倫社刊論文彙集》，第一集，頁2.
[24] 參見《果清法師演說集》，頁87~88.

炳老的儒學、儒行根柢深厚，對儒家剛性文化持得徹、踐得決。他那沖和的言行中，蘊藉著一種「屬」性，養成、建立了他的人品、人性。

又言：

炳老於儒佛兼倡中，以儒學為方便，導歸佛法真實。期得力處：以剛性文化、人格作基架；以淨化文化、人性為底質；這是我對炳老的一番體認。[25]

可見居士一生重視品格，積極度生，以儒學為方便，以佛法為真實，儒佛兼弘，將儒家之剛性文化，「天行健君子以自強不息」發揮地淋漓盡致，此亦是居士以儒學為根柢，作為弘揚佛法成功之處，更是廣為大眾所接受的重要因素。以上說法，或可作為「重佛輕儒」者之頂門針。

王禮卿教授曾讚揚雪廬居士為：「極佛門真諦，會孔門心傳，絕學難逢一代師。」[26]以居士真能傳佛心印，亦能融會孔門心學，實屬一代宗師。周宣德教授亦讚之曰：「釋儒翼並風徽，慧炬明倫同矩矱，淨白薪傳盛業，靈嚴廬阜永仰承。」以居士儒佛兼弘，堪為萬古流芳。周邦道亦讚曰：「臺嶠棲遲近卅年，崇內典融釋儒，建道場弘教化，培人才，布書刊，播法音。利羣萌，莘砣領同倫，最為第一。」以居士融會儒釋思想，作育英才，堪為一代大宗師。明允中教授讚曰：「遣化隨悲願，含藏是德基，一身同正氣，萬法顯摩尼。」可見雪廬居士悲願甚深，正是外現居士身，內秘菩薩行者。王大任讚曰：「道兼佛儒契天人，化善殊鄉

---

[25] 以上參見仁俊：〈炳公長者「無忝所生」──世法中的活人‧佛法中的行者〉，頁15、34.

[26] 參見《明倫月刊》，164期，頁24.

澤萬民，盛德豐功堪不朽；早知身後作明神。」[27]可見雪廬居士之行堪稱盛德，普澤萬世。

國畫大師呂佛庭對於雪廬居士一生之觀感，曾言：

> 雪老善詩詞，愛書畫，講授論語、孟子、易經、詩詞，以宏揚中華文化。…淡泊名利，出儒入佛，行菩薩道。講經四十年，緇素四眾，座無虛席，其法緣之勝，不惟是空前，也可能是絕後。後宏揚淨宗之一盞燈，也是復興文化之一座大柱。[28]

最後並以詩表達無限之追悼：「諸部兼宏浴法海，一人不捨渡慈航。遠公抱節結蓮社，子美飄零未返鄉。」顯見呂老讚揚雪廬居士一生滿腹經綸，然卻不為名利，只為利益眾生，教化社會，出儒入佛，並比之以東晉慧遠大師，結社念佛之行誼，又如杜甫身遭國難，未返故里，居士瘁於鯤島，令人永懷！書畫名家徐人眾讚之曰：「是儒學宗師，兼佛壇大老，永世言教行率，德化道熔，想望斗山莫極仰。為聖業參贊，作眾生典範，遽聞哲萎泰頹，雅云梁折，夢瞻風貌難任悲。」[29]亦可見雪廬居士儒佛兼弘，堪為後世楷模，典型在宿昔，德澤耀千古。居士學問廣博，一生奉行儒佛兼弘之信念，開創普利群萌之基石，再加以身教力行，使得四海皆能蒙受感動，而得教化，故德澤寰宇，永垂後世。

（四）樹立因果知見

---

[27] 以上引言參見《明倫月刊》，164 期，頁 22-29.

[28] 呂佛庭：〈哭李雪老〉，《菩提樹》，403 期，1986.6.8.，頁 17.

[29] 以上引言參見《明倫月刊》， 164 期，頁 26.

1、佛家因果觀

（1）三世因果觀

佛家三世因果說，早在佛陀時代，即已道出「萬法唯識」之奧秘，然後經唯識宗諸祖闡發，以有情第八識即阿賴耶識，建立三世因果總報體。所謂「萬法唯識」是指宇宙萬有一切諸法，皆為心識所變現之假相。既有所變則必有能變之心識，若就有情眾生中，心識作用最顯著者，則有八種，稱之為「八識」，即眼識、耳識、鼻識、舌識、身識、意識、末那識、阿賴耶識。宇宙間之一切，森羅萬象，不過此八個識所變現之假相而已！[30]

然而三世因果說能建立，乃因眾生各有各的阿賴耶識，唯此第八阿賴耶識具有「集起」的功能。又世間一切有情，皆各有其阿賴耶識，而各個阿賴耶識，皆互相交遍於整個宇宙之間！[31]阿賴耶，為梵語，譯為藏。藏是含藏義，謂此識能含藏一切法，如倉庫之能含藏種種物品。世間倉庫只能含藏有形之物，且藏量有限，然而阿賴耶卻能含藏無形之物，而且藏量無限！所藏之內容為前七識所落謝之種子，所以此識是萬有之本，諸法之因，世間萬象，皆不離此阿賴耶識。[32]

第八識之行相，深廣無涯，不可窮盡，就第八識的自相來說，有能藏、所藏、執藏三義。若就第八識之果相（即酬業受報情形來說），梵語稱為「毘播迦」，舊譯為果報，新譯為異熟，又稱為果報識或異熟識，以第六識所造之善惡業因，即引業為殊勝之增上緣，牽引第八識至六道中去

---

[30] 淨常：〈唯識簡介（一）〉，《明倫月刊》，147 期，頁 11.

[31] 淨常：〈唯識簡介（四）〉，《明倫月刊》，150 期，頁 12.

[32] 淨常：〈唯識簡介（十）〉，《明倫月刊》，156 期，頁 6.

投生，以酬償苦樂果報。

吾人一期之生命酬業受報完畢，第八識即被善惡引業所牽引，另一期生命便隨之到來。若業力無盡，則受報無窮。眾生之第八識，永遠在三界六道之中，生死輪迴不停。以第八識為酬業受報之主體，為六道輪迴之根本，所以舊譯第八識為果報識。

第八識由於具集起諸法之功能，因之前六識所造之善惡業果皆含藏於第八識中，此業種是不相混濫且永不滅亡的；又自無始劫以來，吾人起心動念，所造之善惡業，佛家形容「若有體相，盡虛空不能容受」，因此要能消除煩惱痛苦，唯有誠心懺悔、行善積福，使惡業能重報輕受，甚至消滅，方是釜底抽薪之法。

既已明白三世因果及六道輪迴之理，接著再探究三世因果之實情，此即佛家所謂之「十二因緣法」。生命之奧秘就在於生命遵循著十二支因緣的支配，此十二支因緣即無明、行、識、名色、六入、觸、受、愛、取、有、生、老死，其過程為「無明」引生「行」，「行」再引生「識」，「識」又引生「名色」，如是乃至「生」引生「老死」，至此即為一期生命終了。然而生命並非如此即消失，前已知吾人過去所造之善惡業因為引業，接著便會引第八識去六道輪迴，故投胎於人道時，便又依「老死」引生「無明」，「無明」再引生「行」，「行」又引生「識」之歷程，如此一期一期之生命便接續不斷。[33]

十二因緣尚有另一個特色，即具雙重因果之特性。第一重為「過去因緣而生現在之苦果」，第二重為「現在因緣而生未來苦果」。此即為雪廬居士所謂「人生三際之抉秘」。

---

[33] 李炳南編表，吳聰敏演述：《佛學概要十四講》，台中：青蓮出版社，2004，頁 52~65.

第一重因緣，其重點在於以無明為緣，以行為因，因緣和合而有今世。所謂無明為一切煩惱總稱，即為迷惑之代稱，此乃吾人迷昧於清淨之「真如本性」，所起之煩惱，故《大乘起信論》云：「一念不覺，而有無明」即是此義。無明乃不如實知諸法畢竟空義，遂生我法二執，以四大五蘊假合身心為實我，以吾身及外境為實有，遂起惑造業，而生死輪迴。若於人道，則因神識顛倒，而入母胎，此即引業之功，歷十月而降生於世，一生之福祿、壽命及際遇，人人不同，此即滿業之作用。古德謂：「欲知前世因，今生受者是；欲知來世果，今生造者是。」在在說明因果乃自作自受，而要人能甘願受，進而為將來修福修慧，以為解脫之因。

第二重因果，其重點在於今世酬償果報時，又同時在造未來之生死業因，故「欲知來世果，今生造者是」。細而究之，以現在因緣即愛、取、有招感未來之生死苦果。以吾人因迷惑於外境之感受，遂生染著，此即愛之表現。又由染而生執，遂追於五欲六塵，此即取之表現。既追求，則已種下未來之生死業種，未來之果報將有了，此即有之意義。故《地藏經・利益存亡品第七》說：「閻浮眾生舉心動念，無非是罪；脫獲善利，多退初心；若遇惡緣，念念增益。」即聞此理，佛家要人能時時觀照心念，而儒家特別注重「慎獨、存誠」，原因即在此。

佛家因果觀，實自有其理論體系，究其實人生三際之抉秘，不出因果業報之作用，並非僅是虛構之勸善口號而已。更進一步，論及因果之實用性與重要性，更可擴及諸佛菩薩之度生上，誠如印光祖師所言：「因果報應者，世出世間聖人平治天下，度脫眾生之大權也。」以此推之，不難體會居士之言：

佛分五乘說教：人、天，凡乘，世間之因果，易見者也；菩薩、聲聞、緣覺，聖乘，出世間之因果，難明者也。

以眾生根器萬殊，權實必契乎機，是權為藉之以顯實，五為導之以歸一也。若必專談一乘，不設方便，猶不梯而樓，不花而果，其能登之人，能結之木，幾何哉？[34]

佛之度生本懷，便是要眾生皆能圓成佛道，然捨因果，而別談虛玄，不異援木求魚。觀居士一生「廣學三藏教，不改彌陀行」之宗旨，亦必不捨因果一途，而為度生之寶筏。

2、儒家因果觀

儒釋皆談因果報應之理，印光祖師〈因果錄序〉曾言：「因果者，世出世間聖人，平治天下，度眾生之大權也。」又曰：

因果之理，大發明實惟佛經，而儒教經，亦屢宣說。…如《書》之作善降之百祥，作不善降之百殃。《易》之積善之家，必有餘慶，積不善之家必有餘殃。莫不皆以因果報應之理示人。

又於〈與佛學報館序〉中指出：「不信因果，不唯悖佛，亦悖儒經處。」[35]儒家雖不似佛家，細究因緣果報之理，然而因果之概念，早已深入儒家思想之中。

---

[34] 參見〈啟悟得樂〉，《李炳南老居士全集‧弘護小品彙存‧通俗講演稿表》，頁 359.

[35] 蔡惠明：〈印光大師的儒釋無二思想〉，《明倫月刊》，222 期，頁 18.

在中國文化裡，尤其在儒家思想中，不管是修身、齊家、治國、平天下，是要內聖或外王，皆遵循因果之觀念，尤其賦予善惡果報之價值評判，以此方能肯定聖賢教誨之價值。雖因果概念上，佛家偏重因果通三世之業報說，重視自作自受；而儒家似多僅就現世而言，然二者皆肯定因果律之必然性是不待言宣的。

就三世因果之意義，可於《尚書・洪範》找到端倪，印光祖師曾以五福、六極來說明三世因果之證據，其言：

> 箕子之陳洪範也，末後方說嚮用五福、威用六極。[36]五福、六極，乃示前生之因，為今生之果。嚮，順也。用，以也，得也。壽、富、康寧、考終命，乃前生修道修德所感之果；攸好德，乃前生修道修德之習性也。極，窮厄也。威義當作違，悖逆也。謂前生所作所為，悖逆道德，致今生得橫死之凶、與夭壽之短折（凶與短折合而為第一），及身不康之疾，心不寧之憂，用不足之貧，貌醜之惡，身無能力之弱也。儒者昧於前因後果，一一歸於王政，不幾滅天理而誣王政乎？小兒生於富貴家則享福，生於貧賤家則受苦，豈王政分別令生乎？

又云：

> 五福、六極，乃前生現世果之義。世儒不知因果，通歸於王政。然則性情之凶暴，壽命之短促，與身之疾病，心之憂患，境遇之貧窮，面貌之醜惡，身體之孱弱，皆王政所為乎？其誣王政而悖聖人之心

---

[36] 按：五福，一曰壽，二曰富，三曰康寧，四曰攸好德，五曰考終命。六極，一曰凶短折，二曰疾，三曰憂，四曰貧，五曰惡，六曰弱。

法也大矣。

繼云：

> 若不併過去、現在、未來，三世而論，則上天之昇
> 與，聖人之言論，明王之政令，諸多矛盾（如奸黨
> 榮貴、忠藎誅謬、顏淵短命、盜蹠長壽等）。若知
> 前後因果，則窮通得喪，皆我自取，縱遇逆境，不
> 怨不尤，只慚己德之未孚，不見人天之或失，樂天
> 知命，無往而不自在逍遙也。此則因果之賾隱而難
> 明者矣。[37]

可知印祖以為儒者昧於三世因果之理；實則若就五福、六
極而言，乃今世之果報，若不為前生所造之業因所感，何
能有今世之果？可知中國儒家早已有三世因果應用教化之
實，唯尚未探究其理論及系統化之學說出現耳。

《尚書》為中國最早闡述政治之典籍，後列為五經之
一，顯見其於儒家思想中，以為外王之政治典範。然一書
之中實以善惡因果為政治之用，如〈湯誓〉一文，闡述商
湯伐夏傑之事，商湯以天命為由，征伐夏傑，其因在於夏
傑暴虐無道所致，此中亦顯現種惡因得惡果，並將善惡因
果轉化為政治用途之一例。又如〈高宗肜日〉一文，序殷
高宗祭成湯時，假借一隻山雞，表達成湯之命，其中言及：

> 惟天監下民，典厥義。降年有永有不永；非天夭民，
> 民中絕命。民有不若德，不聽罪；天既孚命正厥德，
> 乃曰：「其如台？」嗚呼！王司敬民：罔非天胤，

---

[37] 以上三段引文參見：釋印光：〈挽回世道人心標本同治錄序（民國己卯
冬作時年七十九）〉，《印光法師文鈔續編卷下》，台中：青蓮出版社。

典祀無豐于昵昵。

其意言上天監視人民，以行善多少而賜予壽命長短，而要
人民以道德為準繩，此亦為善惡因果轉化為政治用途之又
一例。又於〈西伯戡黎〉一文中，西伯戰勝了黎國後，祖
伊非常恐懼，趕緊告訴紂王，並假天命暗喻暴政必亡之道
理，此亦將善惡因果轉化為政治用途之另一例。於《尚書》
中，此種假天命以陳善惡因果之例，實可謂不勝枚舉！

《大學》云：「古之欲明明德於天下者，先治其國。欲
治其國者，先齊其家，欲齊其家者，先修其身…致知在格
物。」則明自修身以至於平天下之相依因果關係，層層相
疊，此一邏輯實為中國政治之一大特色。又《大學》云：「財
聚則民散，財散則民聚。言悖而出者，亦悖而入；貨悖而
入者，亦悖而出。」指出財貨盈虧，言行順逆之因果道理，
可以專指一般人，亦可言及持家治國之道。

《左傳》載明魯史，亦多可見善惡因果之事。如於隱
公三年，敘述衛莊公寵愛妾之子公子州吁，且州吁好武事，
衛大夫石碏諫之於莊公，若其愛子，應「教以義方，弗納
於邪」，不應放縱之，否則便會發生「六逆」，違反倫常之
事，可惜莊公不能接納雅言，於隱公四年，州吁便刺殺其
兄衛桓公，自立為王，如此逆倫之事，亦在在說明因果報
應之事。又於莊公八年，冬十二月，齊襄公遊於姑棼，並
於貝丘田獵，見一頭大豬，侍從卻大喊為公子彭生，襄公
以箭射之，結果此一頭豬竟如人一般站立哀號，後齊襄公
亦死於叛賊手中。《左傳》此一記載，實似三世因果之記載，
因齊侯誅殺公子彭生，後彭生示豬來報復，倘若視之以寓
言，此則記載仍要人能留意因果報應之理。其餘備載於《左
傳》中，因不行仁義，而冤冤相報之史例尚多，此皆說明
善惡因果之理。

　　由此可知，先秦儒家經典，亦多有因果概念。然自宋代以來，理學興起，宋儒幾乎無不闢佛，而尤以朱子為闢佛之集大成者。朱子自謂早年嘗留心於佛學，其出入於佛老者數十年，且其師友鮮不學佛者，知朱子受佛法薰染亦深，固其闢佛不為不烈，然取之亦不為不多，無論是心性問題，理氣問題，無極、太極之辨，迺至涵養、省察，主敬、存誠之教，在在皆有闢佛之論，亦見其在在深受佛法之影響。[38]

　　宋明理學雖為中國文化之特色，然亦多有偏頗之處，以朱子代表理學之集大成者來看，其闢佛之跡斑斑可見，單舉本體論以衡之：朱子所斥釋氏之空，乃誤解佛家之空為斷滅空，執世間法皆悉斷滅無常，此即為「斷見」。又朱子以為佛家「不染一塵，不捨一法」之說互為矛盾。此乃不知前者所言為真諦，後者為俗諦，真俗不二，方為中道，故禪宗常言：「終日吃飯，不曾咬破一粒米；終日著衣，不曾掛著一條絲。」乃言真諦或言俗諦，並非互為矛盾。又朱子非難佛家「心與理二」，然由華嚴之法界觀，知理為心之本體。又朱子非難佛家「一向歸空寂去」，然由華嚴之四緣起論，紛然萬象，亦不出一心，故知朱子之謬矣。又朱子以為「儒者以理為不生不滅，釋氏以神識為不生不滅」，豈知不生不滅乃佛家用語，為朱子所暫借，然佛家本以性為不生滅法，以神識為生滅法，[39]故知朱子之言，不攻自破。其餘朱子闢佛錯謬之知見，不勝盡舉，可見其說實難服人。

　　宋儒為護儒而謗佛，於此印祖以為宋儒：「竊取佛經之義以自雄，用以發揮儒教之奧；又恐後人看佛經，知彼之

---

[38] 熊琬：《宋代理學與佛學之探討》，台北：文津出版社，1985，頁6.

[39] 熊琬：《宋代理學與佛學之探討》，台北：文津出版社，1985，頁290~293.

所得處,遂昧心闢佛」,[40]其中涉及佛家所謂之「斷滅見」
最為嚴重,必將使人輕視因果,故印祖又云:「程朱之毒大,
由程朱以後之理學,無不偷看佛經,無不力闢佛法,以致
釀成此大亂。皆由此諸居士,門戶之見致之也。」[41]時至今
日,西洋文化傳入,唯物思想猖獗,人心更加澆薄,社會
暴戾、貪婪、巧詐之風氣,益加瀰漫,可說受此遺毒之害
甚深。為消弭此一邪見,挽回劫運,雪廬居士乃秉承印祖
見地,融會儒佛,提倡人格之確立,以為解脫之依據,並
力倡深信因果,以挽救劫難。

3、深信因果挽救劫難

　　對於當前社會風氣之敗壞,除有其歷史因素外,雪廬
居士特示以「減劫」時,因人心貪瞋癡三毒熾盛,故天災
肆虐、人禍橫行、戰亂頻仍,此皆歸於人心敗壞,因此心
識所共變之世間,便濁惡不堪,故今日又有「五濁惡世」
之稱。五濁指見濁、煩惱濁、眾生濁、命濁、劫濁等五,
何以稱之為濁?《楞嚴經》云:「譬如清水清潔本然,如若
有人,投以沙石土失流礙,水亡清潔,容形汩然,名之為
濁。」其說甚是。
　　所謂見濁,見是指見解,即思想,就佛學術語上有五
種見解錯誤,即身見、邊見、邪見、見取見、戒取見,此
五種見又稱「五利使」,是說這五種見,能驅使一切眾生造
出種種惡業,墮落生死,所以稱之為「使」,又以其作用迅
速敏捷故稱為「利」。

---

[40] 釋印光:〈第三日申述因果原理並以事實證明〉,《上海護國息災法會
　　法語》,頁 20.
[41] 釋印光:〈復翁智奇居士書二〉,《印光大師文鈔續編》上,頁 214.

所謂煩惱濁，煩惱指使人心神不寧、惱亂不安之意，此煩惱濁，障蔽了自身之真如本性，故名煩惱濁。包括貪、瞋、癡、慢、疑五種，此五種妄心，能驅使眾生造業，而趨入惡道。眾生由於貪而感招飢饉，由於瞋而感受刀兵，由於癡而感招病痛，甚至水火風三大災。

所謂眾生濁，眾是非一之稱，生是天上人間及三惡道中，處處去受生，即叫眾生。又須藉地水火風等要素，方才有生，所以稱之為眾生。以眾生迷於緣生法，遂執著我相，因而起利己私己之私心，遂造種種惡業，而墮於三途，於此故名眾生濁。

所謂命濁，命是身體心理精神皆能正常作用，謂之命。然由於寒暑遷流，更有因人力不可抵拒之天災人禍等苦惱逼迫，使得壽命減短損卻，甚至斷滅命根，故稱之為命濁。[42]

所謂劫濁，劫俱云劫波，譯為時分。佛家之時分有成住壞空四大時分，又每一時分有二十翻增減之久。由人壽十歲，每一百年增壽一歲，增至八萬四千歲，謂之增；從八萬四千歲每百年減一歲，減至十歲止，是一減，以一增一減為一小劫（合計一千六百八十萬年），又二十小劫為一中時分，即中劫，四中劫為一大時分，即大劫。且時劫是漸增，增至人壽八萬四千時，即開始漸減，減至人壽十歲時，即又開始漸增，如此反復不息。然劫濁本無自體，是以其他四濁交雜為相，在每一個減劫裡，當人壽減至二萬歲時，始進入劫濁，此是由眾生共業所感。亦即因眾生貪瞋癡三毒日增，遂起刀兵等災害，後小三災亦隨之而來，

---

[42] 以上參見林看治：〈佛說阿彌陀經淺講──其十九〉，《明倫月刊》，244期，頁32.

人壽十歲時，則遍地草木皆兵，眾生受報，苦不堪言。[43]

　　雪廬居士以為減劫時，雖然表面科技發達，然而天地自然之物，卻愈來愈少，以人造物取代了天然物品，此或為不得不然之勢，然此種種皆傷害吾人之身體，人類面臨了空前環境污染問題，再加以物慾橫流，煩惱增深，據佛經所載，往後恐將更形惡化。[44]此皆因人心敗壞，不信因果所致，故居士對於未來時局並不表樂觀，而言：

> 從現在起，往後尚有許多災難，學佛者皆知，有火、水、風大三災，三災發生時，連二十八層天皆毀壞掉，而此大三災未到之時，現在即有小三災，何以會發生此三災，其總根由，在於「人心」，若在增劫之時，人心日益向善，道德日漸增長。在減劫時，人心、道德每況愈下，未學佛者，不用說，即使學佛者，亦包含在內。心若不好，將來如何往生？不但不能往生，即使將來圖個「善終」亦不容易。外國亦復如是，人會遭遇災劫，皆人心所造，現在不好，將來更差。

　　居士繼之而言，應從人心下手，並特教以念佛伏惑，見其言：

> 上述所言乃人活著時所受之苦，然而人造了罪業，死後如何？有人云：「死了就完了！」沒那麼簡單，死後尚有靈魂，尚有輪迴，現在造何因，將來受何

---

[43] 林看治：〈佛說阿彌陀經淺講——其十九〉，《明倫月刊》，243 期，頁 22.

[44] 參見〈雪廬老人佛七講話——民國六十四年靈山寺彌陀聖誕〉，《明倫月刊》，290 期，頁 10.

報應。故教大家要念佛伏惑，不要再造業。[45]

居士前半生皆於烽煙戰火中度過，深知戰爭之痛苦，哀鴻遍野，家破人亡，妻離子散，並警之如下言：

> 現在刀兵劫雖然未來，可是因造了太久，一旦遇緣就爆發，但是當刀兵劫的緣未來，也有辦法挽救，不過多數人是不信刀兵劫的因果，也就愛莫能助了。[46]

居士以為世人或認為刀兵劫之發生，是起源於帝國主義侵略或肇自於國內野心家反叛所致。然此僅為刀兵劫之助緣，非根本原因，然凡人之智慧有限，僅知現世，而不能洞明三世因果故執以為因。迺舉聖人之智通三世，如慈壽禪師偈云：「世上多殺生，遂有刀兵劫；負命殺你身，欠財焚汝宅。離散汝妻子，曾破他巢穴；報應各相當，洗耳聽佛說。」、復舉宋僧入定知安陽劫、三舉琉璃王滅釋迦種姓之史實、四舉方孝儒之父造墳燒蛇為證，以明佛菩薩現量（天眼通）即能洞明前因後果，以刀兵劫既為殺業，必有殺因，如此方能符合因果之規律。又殺分直接殺業及間接殺業二種，直接殺業固然直接受刀兵劫之迫害，如法律中之主犯，然間接殺業亦招感共業，猶如法律中從犯，亦將捲入戰爭之中。

要消除刀兵劫，則必須戒殺，以「戒殺是息刀兵之本」，雪廬居士更示之以戒殺之三種功德：

---

[45] 以上引言參見〈雪廬老人佛七講話──民國六十四年靈山寺彌陀聖誕〉，《明倫月刊》，290 期，頁 10.

[46] 以上參見李炳南：〈戒殺是息刀兵之本〉，《明倫月刊》，227 期，頁 10.

上等功德就會息滅上等災難，中等功德會息滅中等
災難，下等功德會息滅下等災難。上等功德是長年
茹素，若做不到，須要看果怕因。中等功德是，六
月、十二月及每天早上吃素，這樣假若做不到，就
做下等功德，下等功德是，十齋、六齋、隨分花齋，
以及佛菩薩的聖誕日吃素，最少限度亦要吃三淨
肉。什麼叫三淨肉呢？就是不見殺，不聞殺，不為
我殺者。[47]

上等功德須長年茹素，中等功德則初一、十五、每天早齋，
若皆做不到，佛法慈悲度眾，亦以三淨肉為限，居士末後
又特別教誨：「奉勸諸位，為了消滅正將來臨，可怕的刀兵
劫難，趕快來茹素，趕緊要戒殺。」故知居士教人要深信
因果、茹素、戒殺、念佛伏惑來挽救危難。

佛家有偈云：「菩薩畏因，眾生畏果」，因此凡事皆須
要「慎因」，居士以今人學佛，多流於玄妙，鮮言因果，[48]此
或因近代學者受到撥無因果之影響，不知不覺恥言因果，
故感慨而言：

謗因果有為者，又豈能造乎鴻儒真釋也哉！大言則
無實，狂肆則寡德，入乎耳，則心汩亂而行放逸，
風乎世，則禎祥隱而妖孽興，國步世運，將有不堪
思議者矣。[49]

雪廬居士揭示，深信因果不僅使己身能自轉因果，免於危

---

[47] 李炳南：〈戒殺是息刀兵之本〉，《明倫月刊》，227 期，頁 10.

[48] 李炳南：〈重印太上感應篇直講序〉，《李炳南老居士全集・雪廬寓台
文存》，頁 46~47.

[49]〈重印袁了凡四訓序〉，《李炳南老居士全集・雪廬寓台文存》，頁 51~52.

難，更進一步將樹立社會優良之德風，人各盡其分，使國運步入昌隆之地。於此動蕩不安之時局，居士特重因果觀念之闡揚，呼籲世人深信因果，以挽救劫難，並作為安邦治國之本。讀其言，想見其人，不啻長夜警鐘，發人深省。

三、慈悲濟世、化導群萌

　　雪廬居士一生除志在倡導儒佛融會，外儒內佛思想，藉以轉移污俗外；更運其慈悲濟世之胸懷，行普利群萌之事業。居士之所以民胞物與，視民如子，可說是源自其學佛之徹底悲心；換言之，其於因果心性之理通徹明了，並悲世人不明因果，遂陷於劫難之中，為挽救劫難，應從明因果下手。又以時下倫常式微，人格沒落，特強調忠孝節義，以立住人格，方能求學佛之解脫，以此為普利群萌之良藥與門徑。茲分述如下：

（一）倡導正助雙修

　　雪廬居士一生以「廣學三藏教，不改彌陀行」為信念，教人深信因果，以立住人格為基礎，並以修習淨土法門為解脫之要，同時發揚大乘佛法之精神，走入社會，興辦各類文教與公益慈善事業，徹底發揮佛陀普度眾生之慈悲精神。此即《彌陀經》所言：「不可以少善根福德因緣得生彼國」；善根，即正功夫，執持名號；福德，即助功夫，眾善奉行；正助雙修，為居士一生所倡導。

1、王功夫專修淨土

雪盧居士以為世人皆望得福，所謂福者即位名祿壽也。欲得此福，依孔子言，須有大德；依佛法言，須行十善。然而，人生短暫，一切之名位祿壽，能享受幾時？就佛法之角度來看，吾人所依存之世界，又何嘗不壞滅？且於此減劫時分，天災肆虐，人禍不斷，若僅以現世為滿足，實為偷安之舉，《法華經》所謂「三界無安，猶如火宅」，在在提示世間之真相，如火宅般不是久安之處，若不修習佛法，以求解脫，則為不究竟。居士以為世間法皆不究竟，任何眾生皆要受六道輪迴之苦，如在監獄，不得自由，即使生天，報盡後仍須六道輪迴，皆非究竟。然欲出世間，非為出家，或隱遁山林，乃為解除纏縛之謂，故須修習出世法，以求解脫。以眾生之身，皆不免一死，然靈魂不滅；更精確言之，應為神識不滅，以神識顛倒，故隨業受生，全做不了主，六道生死輪轉，因此必須修習出世法，以轉識成智，破除神識之迷惑顛倒，待本性現出，方能得大自在。

就佛法而言，是求解脫之法，雪盧居士以為有半解脫與全解脫之分。所謂半解脫者，是指已斷見思惑之四果阿羅漢，已永除輪迴，仍須人間天上七番生死，方得成就。至於全解脫者，則指佛果，大乘佛法修習六度萬行，經三大阿僧祇劫，轉第八識成大圓鏡智，即使三千大世界外之一滴毛毛雨，悉皆能知，其智較僅證四果之小乘行人，神通道力懸殊，且可為九界導師，說法度眾，變化自在。

既要求解脫，至少也得證四果阿羅漢，然斷惑卻非易事，所謂「斷見惑如截四十里流」，斷除見惑後仍須除盡思惑，艱苦非常，恐非常人所及，且為時過長，論及成佛，則更遙遙無期，故使人望之卻步。若此，學佛求解脫淪為言談文字而已！然而，居士依諸祖意，特別拈出淨土念佛

一法為「門餘大道」,言曰:「佛法不離慈悲方便,於八萬四千法門外,尚有特別法門,可令學者當生成就。」又言:「通途法門,無論修大小乘,皆仗自力,門餘大道,自力復加佛力,謂之二力法門,如步高樓,得人扶助,自較易也。」然恐人誤門餘大道為佛代修,故居士特釋之曰:「通途之法固須自行,門餘之法亦須自行,惟多佛力加被之殊勝因緣而已。」[50]若此方不致落入外道之說。所謂門餘大道,即勸人往生西方極樂世界修行。以十方諸佛,以阿彌陀佛悲願第一,造極樂世界,以免眾生受三重障礙,並接引十方世界眾生之神識前往極樂世界,享稱性五塵成佛,不必如此世界,修行艱苦,障礙重重,易生退轉心。

此方世界與極樂世界之狀況,相距甚遠,前已明此土具三障礙,就修行能得解脫而言,居士特別點示出:

眾生修持八萬四千法門,為何不能成就?以有三障故也。

一者無因希果:眾生之心,事事皆想不勞而獲,生前不願修持,但期死後生善道,如喪家眷屬,往往為死者誦經超度,期其超生。或樹幢幡,祝禱西方接引。或於夢境,幻見死後作神鬼,而得常生不滅。是為眾生普遍之錯覺。

二者放逸畏學:眾生學佛難成,病在好逸惡勞,只知求福,不明佛法之妙用。經云:「佛以一大事因緣出現於世」。何謂大事?以六道眾生皆不能為之者,此即生死大事也。佛為此一大事出現世間,而眾生惟知求其消災延壽,如勸其了生死,鮮有能聞

---

[50] 以上引言參見李炳南:〈佛法五講之五〉,《修學法要》,頁108-117.

者，縱能聞之，而又不能覺悟。

三者牽欲怠修：中國聖人教人以窒欲，窒之不得，則以禮樂治之，使其發乎情，止乎禮。今人崇尚西洋文化，倡行縱欲狂歡，迷於聲光享樂，卒致身耽現前五欲六塵，而心散亂，如勸其修出世法，未有能耐長久之苦勞。[51]

居士提示學者修學之三障：無因希果、放逸畏學、牽欲怠修。無因希果乃眾生不勞而獲之心態，放逸畏學乃眾生好逸惡勞之病，牽欲怠修乃因眾生迷於五塵，此皆眾生與此世界之病態，亦為此世界不易修行之主因。相較之下，極樂世界則專為修行者所設計，且科技極為發達，居士曰：

極樂世界，實為科學發達之世界。吾人今日所見之科學，尚在幼稚之期，佛法無邊，故在極樂世界之科學，遠非吾人所能想見者。

居士又舉數例言之：

今日常見屋內之地，磨以石子，嵌以銅條，常人但知學自西洋，不知極樂世界早已如此。…極樂世界之天耳通，遠優於此界之無線電…言其住處，則為七寶樓臺，非惟裝飾，凡建屋之材，無一而非珍寶，非如此世界之屋由土木泥瓦堆成。…言其食物，此界所食之穀，粒粒皆從辛苦中來，縱為富豪，猶須點菜之勞。極樂之食，百味俱全，舉念即至，食畢即隱。…言其衣者，此界之衣，必須量體剪裁，至

---

[51] 以上引言參見李炳南：〈佛法五講之五〉，《修學法要》，頁 118~119.

為煩瑣，且易污損。極樂之衣，形色隨心所欲，自
然化成，永無污穢。…以言其行，此界必須種種交
通工具，如車船飛機。極樂世界一律不需，身居屋
內，欲遊他處，不必出門，房屋隨身起飛，任意所
至。若嫌屋牆障礙外景，牆即自行隱沒，隨出大蓮
花，為托其身，若嫌有風，牆又隨念合之。是皆微
妙之機器，載人飛行，欲遊他方世界，一念即達。…
我輩所居之世界，雖有電視可攝遠地之聲光，然尚
須舉手按機之勞，極樂世界可從一花一葉，遍覽無
量世界。…[52]

知極樂世界乃一高度科技之世界，且於極樂世界常可隨佛
學習，又與諸上善人，即等覺菩薩為師友，壽命與佛同，
且皆一生補佛位，只要能伏惑帶業往生，即可橫超生死，
享受上三土之受用，相較於此土，眾生欲成佛道，必遭三
種障礙，若能往生，則三障即可轉為坦途，故居士言：

此世眾生，無因希果，必無得果之理，極樂則無因
得果。一經往生，即能成就三十二相，六種神通，
光壽無量，不生不滅。吾人在此世界，放逸畏學，
必無得法之理，極樂則放逸得法。凡遊覽公園，聞
風聲鳥語，即是修行聞法，此界之風鳥，聞之不明
其意，且多屬噪音，極樂則是法音，聞之即能明理，
苟有不能明者，浴於八德池水，即開其慧。吾人在
此世界，心念六塵，耽於享樂，必無入道之理，極
樂則隨欲入道。此界今以科學發達，亦可駕機飛
遊，但如不慎，即有墮機喪生之患，極樂無此危險，

---

[52] 以上引言參見李炳南：〈佛法五講之五〉，《修學法要》，頁 120-124.

一切皆順眾生之心，極盡其享樂之能事。[53]

為能真導引眾生趨於涅槃之境，捨淨土念佛一法，難以成辦，故居士一生紹佛慧命，倡淨土念佛法門。且觀居士一生悲願甚深，於初來台之際，即要將彌陀聖號遍傳台灣各地，如今各地念佛道場林立、佛七法會興盛，可說皆是始自居士弘揚倡導之功。就真實往生者，載於明倫月刊者，如民國 61 年鐘世賢居士「當生成就！臨終猛利念佛，蒙佛放光接引」，[54]民國 63 年鍾靈毓居士念佛感應往生，[55]民國 63 年台中蓮友李素貞居士往生，火化得五彩舍利，[56]民國 68 年呂緯日居士生西，[57]民國 71 年施老水閣居士往生，[58]民國 72 年林培松老居士生西，[59]民國 73 年台北淨廬念佛會邱番薯老居士往生。[60]民國 74 年計有潘淑媛居士、[61]朱伯驥老居士、[62]羅立富居士、[63]陸湘田居士、[64]巫忍娘居士、[65]謝妙

---

[53] 以上參見李炳南：〈佛法五講之五〉，《修學法要》，，頁 121.

[54] 明倫社：〈往生傳裡添新章　鐘世賢居士當生成就！臨終猛利念佛，蒙佛放光接引〉，《明倫月刊》，16 期，頁 4.

[55] 蓮痴：〈當生成就又一實例鍾靈毓居士念佛感應往生〉，《明倫月刊》，32 期，頁 7.

[56] 明倫社：〈台中蓮友李素貞居士往生火化得五彩舍利 〉，《明倫月刊》，35 期，頁 2.

[57] 呂富枝：〈先父呂公緯日新生西事略〉，《明倫月刊》，86 期，頁 38.

[58] 慧光：〈施老居士水閣先生往生事略〉，《明倫月刊》，120 期，頁 46.

[59] 希仁：〈林培松老居士生西記 〉，《明倫月刊》，134 期，頁 20.

[60] 淨智：〈台北淨廬念佛會竭誠助念邱番薯老居士往生記〉，《明倫月刊》，146 期，頁 18.

[61] 弘安：〈潘淑媛居士往生記〉，《明倫月刊》，152 期，頁 14.

[62] 炯如：〈朱伯驥老居士往生記〉，《明倫月刊》，155 期，頁 12.

[63] 淨毅：〈羅公舍利彰勝緣〉，《明倫月刊》，157 期，頁 14.

[64] 長壽班：〈念成舍利超生死──陸公往生見聞〉，《明倫月刊》，158 期，頁 16.

娘老居士往生，[65]民國75年史清源老居士往生。[67]以上皆多為預知時至，臨終能正念分明，甚且有瑞相者。至於雪廬居士於民國七十五年四月十三日黎明五時四十五分示寂，往生時正念分明，並於前一日即預知時至，[68]火化後舍利千餘顆，享年九十七，更是殊勝不待言宣。居士不僅一生弘揚淨土念佛法門，更親為表率，示現念佛往生，迺至往生前仍講經不輟，其度生之悲願及生命之解脫，在在皆是大德之風範。

上述往生者，不及備載者亦多，凡能往生者，無異已解脫生死，相較於此世界，時下罕聞一人真正開悟，更遑論能證四果阿羅漢者，並能示現涅槃相者，故知通途法門與淨土念佛法門難易殊別！凡此皆可見雪廬居士之徹底悲心，弘揚淨土念佛法門，真正實踐佛陀究竟度生之本懷。

2、助功夫眾善奉行

除倡導淨土念佛外，雪廬居士更本著佛陀慈悲濟世之精神，興辦社會救濟事業，並以此為念佛之助功，以此並不違背念佛宗旨。雪廬居士於〈新元講席貢言〉曾云：

> 佛法明心見性是內裡的工夫，廣度眾生，作種種善，是外邊的功德，這就是善根福德，正助雙修。學佛成天在家打坐，什麼事也不作，那是小乘法，

---

[65] 松喬：〈黃母往生見聞〉，《明倫月刊》，159期，頁10.

[66] 弘安：〈賴母謝老居士往生記　念念若能離濁濁　生生從此脫胞胎〉，《明倫月刊》，160期，頁12.

[67] 周宣德：〈史將軍往生極樂滿面紅光示瑞相〉，《明倫月刊》，163期，頁12.

[68] 鄭勝陽：〈雪廬老人示寂前後〉，《明倫月刊》，164期，頁12.

佛所謂的焦芽敗種，佛法所不取的，必得為眾生辦
事。[69]

雪廬居士以大乘佛法應為眾辦事，即要能重善根福德，至
於所謂之為眾辦事，可見於台中蓮社重新落成典禮時，雪
廬居士所言：

蓮社只准研究學術，辦理慈善公益事業，再就是辦
社會教育…以後還是希望同修們，本著過去的宗
旨，盡力做慈善事業，辦社會教育，不能變質，所
謂「人存政舉，人亡政息。」變質則對不起各界這
樣愛護我們，也對不起佛。[70]

雪廬居士為眾辦事即要興辦慈善公益事業與社會教育，且
皆要能會歸念佛往生上，其云：

我講經、我教書，我無論幹什麼，我在台中辦這些
慈善事業，我都是為著佛我才辦，不是為著佛，我
不辦！…我做的事，不是弘法，就是護法。只要給
大家辦好事，大家都是未來佛，你是未來佛，有了
什麼煩惱我得給你解決，給你辦事，我這是供養
佛。你別給大家增加煩惱，一增加煩惱就是向大家
心裡放瓦斯。[71]

雪廬居士視大眾皆為未來佛，為能成就未來佛，而興辦一
切事業，除前一節已述之社會教育外，則包括了社會慈善

---

[69] 李炳南：〈新元講席貢言〉，《修學法要》，台中：青蓮出版社，1997，
頁 373.

[70] 李炳南：〈臺中蓮社重建落成典禮開示〉，《明倫月刊》，71 期，頁 8.

[71] 李炳南：〈淨土精華（六）〉，《明倫月刊》，282 期，頁 12.

事業，此於其於成立蓮社時，即訂蓮社之社務：「一者，講
演儒佛經典，化導人心；二者，集眾念佛，各求當生成就；
三者，興辦文化慈善事業，以勵道德，而善風俗。」相符，
舉凡有利益眾生之事業，如育幼、安老、施醫、或救濟，
無不以不疲不厭之心圓成之；且一旦事成後，遂即引退，
從不沾染名利，觀其一生之行誼如此，真可謂為「處世不
忘菩提，要在行解相應」之謂歟，[72]足可為學佛者之楷模。

（二）興辦弘法事業

雪廬居士一生講學、弘法利生，皆為開啟眾生菩提覺性，
並引領眾生歸向究竟涅槃解脫而努力。除了前述之文教事
業外，為能實現畢竟解脫，以歸蓮邦安養，並發揚大乘慈
悲濟世精神，首先成立台中市佛教蓮社，以為弘法之根本，
據此廣設佈教所、念佛會等，藉以提倡念佛，並使大眾能
同霑法益。

1、成立台中市佛教蓮社[73]

　　台中市佛教蓮社成立於民國四十年十一月，其成立緣
起於，民國卅八年二月雪廬居士隨孔奉祀官德成來台，定
居台中，以雪廬居士大願，志在弘法度生，故甫於安頓公
務，便即尋覓弘法場所。開始假各處佛寺，方便演說，並
在寺內設施醫療，以接引初機。鑑於學者日眾，遂於民國
卅九年，發倡建蓮社之宏願。而於民國四十年，即於今日

---

[72] 吳聰敏：〈雪廬老人學術思想與貢獻（下）〉，《明倫月刊》，269 期，頁
30.
[73] 台中市佛教蓮社網頁：http://www.tcbl.org.tw/modules/mylinks/.

之社址，創立蓮社。

　　雪盧居士親訂蓮社之創社宗旨為：（一）講演儒佛經典以化導人心，（二）集眾念佛，各求當生成就，（三）興辦文化慈善事業，以勵道德而善風俗。並要大眾遵守「四為三不」之社訓：所謂「四為」，指「為求學問，為轉移污俗，為求解脫，為宏護 正法」；所謂「三不」，指「不以佛法受人利用，不藉佛法貪名圖利，不昧佛法同 流合污」，以為蓮社之規範。並親訂社風十條，以為大眾實際之行為準繩。

　　蓮社目前主要從事社會教育、慈益救濟、及文化傳播三方面之為主。社會教育主要為儒佛經典講座，成立念佛班，倡導家庭共修念佛，[74]並開設啟蒙教育，成立大專佛學講座，辦理社教科，並有祭祖活動。慈益救濟方面，主要以佛經流通、放生護生、蓮友助念、協助聯體機構、平常辦有急難救濟、每年春節前舉辦濟貧之冬令救濟。文化傳播方面，主要發行《明倫月刊》、辦理青蓮出版社，以倡印經典，並設有「明倫之聲」，以利空中弘法。

　　台中市佛教蓮社至今仍為繼承雪盧居士弘法利生之主要機構，成立至今已逾半個世紀，雖然整個社會環境生態早已改變，然雪盧居士度生之悲願，以及弘法之目標，一直被實踐著，並不因哲人日已遠，而有所改易或變質。

2、設立佈教所、念佛會

　　為能推展念佛法門，使得各地民眾，皆能親聆法音，而得畢竟解脫，在雪盧居士精神感召之下，自民國四十六

---

[74]念佛班為蓮社內部的蓮友組織，目前念佛班共分六十二班，以落實念佛共修為宗旨。

年至七十四年間，各縣市佈教所、精舍、念佛會，陸續成立。如霧峰佈教所、豐原佈教所、東勢佈教所、鹿港佈教所、后里佈教所、中和佈教所、沙鹿佈教所、太平佈教所、員林佈教所、水湳佈教所、卓蘭佈教所、桃園蓮社、般若精舍、淨業精舍、福海念佛會、台北淨廬念佛會、青蓮念佛會…等。此外，亦有僑民於海外建立道場，如馬來西亞等。[75]對於佈教所之設立，雪廬居士勉勵大眾，須「志同道合」，其云：

> 今晚要在這短短的時間裏，很簡單扼要地說一句話：「難得大家志同道合」—「志同道合」，並不是學了佛就志同道合，因為教內的門派太多，門派雖多，卻皆是佛所說的法，然而今日之下，修學的人往往不談如法修行，卻只去談那利害關係，一談利害，便去體萬里了。須知：古德云：「佛法在世間，不離世間覺」，談世間法求個覺也不錯，然而，現在的世間法，那裏有讓人覺悟之處，簡直都在談世間的壞事—諸位試攤開報紙看看，不都是誨淫誨盜的文字？所以，一說「志同道合」，便指歸到淨土法門來—三藏十二部，浩如煙海，然而，「歸元無二路，方便有多門」，佛法原不分宗派，有宗派皆是方便法，方便法就是巧妙地運用權智，行權法，教大家隨著機緣，領略進去，今天，我們大家正是走著這極方便的淨土路子。[76]

---

[75] 劉靜宜：〈雪廬老人儒佛教化事業探述〉，《紀念李炳南教授往生 20 週年學術研討會會議論文》，台中：中興大學中文系，2006.4.8，頁 142.

[76] 淨持：〈雪廬老人太平佈教所講話三資糧、發願、憶念〉，《明倫月刊》，162 期，頁 6.

雪廬居士勉勵各佈教所、精舍、及念佛會，要能時時有道，在道場，不談是非利害，更不要去妄談世間事，大眾須能「志同道合」，以淨土念佛法門為修行歸趣，這樣才能獲得真實利益。

（三）興辦文教事業

雪廬居士一生儒佛兼弘，其對於在家眾之期許為「白衣學佛，不離世法，必須敦倫盡分，處世不忘菩提，要在行解相應」，亦即在家之居士，在學習出世之佛法時，萬萬不可捨本逐末，仍須恪盡人倫，否則必使家庭深陷痛苦之中，製造更多的社會問題。雖在家眾必得於社會營生，以滋養色身及家庭，然卻須時時不忘求覺悟之心，更應將佛法之教理與行持功夫互作印證，此方為真佛教徒，亦為真儒者。

雪廬居士甫於民國三十八年二月來台之初，一踏上基隆碼頭，即發願要將「阿彌陀佛」名號，遍撒臺灣每個角落。因茲居士一生於佛法弘傳上，除宣揚因果理念外，並融貫諸宗，會歸淨土。

居士來台弘法之初，並無定所，為能安頓人心，遂於民國四十年，成立臺中市佛教蓮社，以為弘法之中心，並擔任第一屆社長。臺中佛教蓮社雖為宗教團體，但居士一生志在轉移污俗，化導人心，因此除了辦理宗教事務外，時時不忘教育文化之百年大計，居士曾言：

> 人民是國家的軀殼，文化是國家的靈魂。只有軀殼，沒有靈魂，那就成了些「行尸走肉」，國家何能獨立？中國主要文化，就是五倫八德。這是以各個人作主體，先改善內心，再表現到家庭裏，終推展到國家天下，大體是各盡各分，相親相愛，大公

　　無私，造成普遍的安樂社會……仔細想來，這樞紐
　　還在教育上。[77]

可見居士特重文化之傳承，認為文化迺國家靈魂之故，然
而傳承文化，須仰賴教育，其中居士特別重視人格教育，
以其為一切教育之基礎。徐醒民居士憶及雪廬居士以傳承
文化為急務，曰：

　　師畢生以弘傳文化為急務，故在講學時，經常提
　　示，我中華民族繁衍綿延，歷史悠久，賴其保有優
　　美的民族文化。此優美的民族文化是由歷代聖人傳
　　授下來，後由孔子集其大成，整理而為詩書易禮，
　　以及撰作春秋等，稱為儒學基本經典，亦即我固有
　　文化的精華。到了後漢，傳入佛法，歷代迻譯經論，
　　彙為三藏，與儒學相得益彰。儒參佛法，可聞孔子
　　之言性與天道。佛法由儒奠基，因而盛行大乘教
　　化。相輔並進，溥利群生。可惜現代有一幫人盲從
　　邪說，毀謗儒佛，以致民族文化遭劫，人心迷惑，
　　是非不明。師抱悲天憫人之懷，以弘儒弘佛為職
　　志，期以儒佛大道真實復興文化，改善人心，使國
　　內外人皆能去其苦厄。[78]

可見居士畢生以弘傳文化為急務，認為文化是民族生存之
命脈；然佛法為我國固有文化一支，與儒學有相得益彰之
處，而今人毀謗儒佛，遂使得文化衰落。有感於此，居士
於成立台中佛教蓮社時，便頒定社旨為：（一）講演儒佛

---

[77] 參見〈臺中蓮社國文補習班第六期結業生同學錄小序〉，《雪廬寓台
文存》，1995. 4.，頁 199.
[78] 徐醒民：〈雪廬居士恩師教範〉，《明倫月刊》，165 期，頁 9.

經典,以化導人心。(二)集眾念佛,各求當生成就。(三)
興辦文化慈善事業,以勵道德而善風俗。可知居士欲以宗
教、文化、教育三方面來轉移社會污俗、以淨化已被扭曲
之人心。

　　雪廬居士繼台中佛教蓮社創立之後,又陸續興辦各類
教化事業,例如:成立國學啟蒙班,期能於孩童時期,紮
下聖賢教誨,首創台灣最早之讀經教育;為能使知識分子
學習大乘佛法,發揮佛家慈悲濟世之精神,更開闢大專佛
學講座,藉以傳承佛法之慧命;為了能深入儒佛教典,期
以培養弘護人材,遂開辦內典研究班,積極作育人材;為
能實踐孔孟學說,以恢復固有人倫,遂成立論語研究班;
期能為端正社會風氣。為能替社會教育盡一分心力,遂成
立社教科,成員皆為大專以上之畢業生,期能透過對高級
知識分子之教育,不僅使之能儒佛兼修,亦能學習禮樂教
化,將來影響家庭、社會,為社會教育盡一分心力。為籌
辦大專佛學講座,復設立明倫社負責其事;為能擴大弘法
範圍及層面,並支援文化教育事業,遂成立廣播社、出版
社,因此遂使居士弘法心願遍及海內外。此外,亦成立慈
光圖書館,辦理圖書借閱,並設立各類儒佛講座,為早期
居士重要弘法之道場。

　　茲將雪廬居士一生興辦之各類文教事業分述如下:

1、成立國學啟蒙班

　　雪廬居士一生注重文化教育,鑑於時下聖賢教育式
微,童蒙教育未受重視,特以《易經蒙卦》「蒙以養正,聖
功也」[79]為訓示,希望孩童能藉由儒佛典籍,啟迪心智,將

---

[79] 阮元校勘:《十三經注疏·周易》,台北:藝文印書館,1976,頁23.

來能成為文質彬彬之君子，故興辦啟蒙教育

　　台中蓮社國學啟蒙班之創辦因緣，須回溯至民國四十三年時，所倡辦之「兒童德育週」為先驅。至民國六十四年六月又創辦了「蓮友子弟輔導團」，後來在威信念佛班家長們推動下，民國七十年正式成立「國學啟蒙班」，以嘉惠蓮友子弟。之後，又成立了「國學啟蒙學社」，並於民國七十九年，由啟蒙班第一、二屆同學，組成「雪蓮」，使啟蒙學社的規模向就讀大學之蓮友子弟延伸。

　　國學啟蒙班脩學體系，如圖 5-1 所示：可以看出啟蒙班之體系，就其對象而言，縱向來說可以含蓋整個義務教育，甚至高等教育之蓮友子弟，至於橫向來說，則以家長研習會來聯絡溝通，可以說是具有一定規模組織之教育機構。

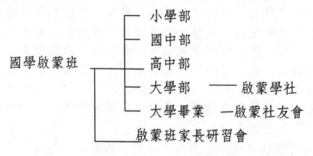

國學啟蒙班脩學體系[80]

　　啟蒙班可以說是啟蒙教育發展歷程中較成熟的階段，經過長時間之考驗與嘗試，已有其教學體系及特色。就啟

---

[80]劉靜宜：〈雪廬老人儒佛教化事業探述〉，《紀念李炳南教授往生 20 週年學術研討會會議論文》，頁 146-147.

蒙班之特色而言，主要為：[81]

（1）注重道德教育

國學啟蒙本班成立於民國七十年，當時是由親炙雪廬居士的幾位弟子積極推動，由於感受到儒佛知見在他們的生命中產生了重要影響，雪廬居士也經常強調要自利利他，而自己的家人尤其重要，為了讓下一代能得到儒佛之利益，因此自早期蓮社時代，就開始舉辦兒童德育週，接著民國六十四年又辦理蓮友子弟輔導團，直至現在的國學啟蒙班，從一開始就注重道德教育。道德教育即是品格教育，倘若沒有健全之人格，則必定要危害社會安寧，其一生亦無法獲致幸福，因此，培養優良之品格情操，應在孩童時期，未受社會污染時即教育之，方能達到啟蒙教化之功。

（2）以儒佛為宗旨

啟蒙班教育宗旨不外儒佛二大學說，此乃雪廬居士遵從印祖開示所訂定，以其注重外儒內佛，並考量符合中國人之思想及生活模式所致。其中之儒家教育是以孔子思想為代表；除了學習儒家學說外，更進一步還須學習佛法。換言之，啟蒙班之教育宗旨是先以儒學來樹立人格，其終極目標仍為圓成佛道。

（3）體用兼備之教

雪廬居士秉持印祖之主張，強調教育是有體有用的。啟蒙班之教育除了道德教育外，仍須具備適應現代社會之

---

[81] 吳希仁：〈國學啟蒙班的因緣與宗旨〉，《明倫月刊》，235 期，頁 42.

能力，方不致為社會所淘汰。孔子是「聖之時者」，除了有高潔之道德外，亦能適應各種環境。可見有體有用之教育，方不致淪為現代之老古董，而是要成為文質彬彬的君子。居士以孔子之「志於道，據於德，依於仁，游於藝」，作為中國文化之總綱，道、德是體，仁、藝是相用，而啟蒙教育更是要能開發人之道、德、仁等本質，至於一切科技藝術皆屬游藝之範疇，簡言之，凡能自利利他之科技藝術，皆為道德教育所涵攝，並以此作為建立和諧社會之資具。

大專啟蒙學社方面，皆能定期且持續不斷地進行修學研討，內容主要以《十四講表》、《唯識簡介》、《阿彌陀經》為主，期能確立學佛知見，其中《阿彌陀經》以雪廬居士所編之《阿彌陀經略記》、《阿彌陀經摘注接蒙》、《阿彌陀經義蘊》為主，亦參考蕅益祖師《阿彌陀經要解》、圓瑛法師《阿彌陀經要解講義》。每次研討皆排定主持、主講、消文等人選，。

從民國七十年以來，接受啟蒙班教育之學子多達數千人以上（參見國學啟蒙班學生年度參加成員統計表），而所投入之人力物力相對龐大，歷經二十多年之變革，不論在規模、或是參加學員及師資方面都有顯著成長。早年之學童，如今多已能獨當一面，而承繼薪傳行列，使得啟蒙班能以恪遵居士遺訓，為文化教育事業，貢獻一分心力。

（1）小學部、國中部：

國學啟蒙班學生年度參加成員統計表：[82]

---

[82] 參見劉靜宜：〈雪廬老人儒佛教化事業探述〉，頁 147~148.

年度	72 年至 79 年	80 年至 84 年	85 年至 94 年
地點	台中市佛教蓮社、慈光育幼院	台中市明德家商	台中市大勇國小
每年學生人數	94 人~654 人	800 人~1000 人	900~1100 人
每年授課師資	50~150 人	160 人	200 人
每年班級數	國小 3~15 班 國中 3 班	國小 19~23 班 國中 3 班~5 班	國小 30 班 國中 5 班

（2）高中部

年度	77 年至 87 年	88 年至 94 年
地點	台中縣新社鄉中和國小	台中市佛教蓮社
每年學生人數	79 人~156 人	188 人~164 人
每年護持人員	約 100 人	約 150 人
每年班級數	2~5 班	5 班

（3）大學以上

　　國學啟蒙班大學以上同學，每屆組成一蓮，二十四年來，總計已有十八蓮（至民國九十五年止），分別是：「雪蓮、清漣、淨蓮、心蓮、益蓮、澄蓮、慧蓮、涵蓮、如蓮、竺蓮、覺蓮、德蓮、法雨蓮、猗蓮、湛蓮、梵蓮」等，人數已達五百多人，足見其影響深遠。

　2、設立慈光圖書館

　　慈光圖書館成立於民國四十七年五月二十五日，最初名為「台中佛教文化圖書館」，後因宗教氣息太濃厚，遂改名為「財團法人台中私立慈光圖書館」，一直沿用至今。慈光圖書館之興建緣起，乃因雪廬居士鑑於聽經人數逐漸增多，須另覓較寬敞之處所，遂由許克綏、朱炎煌居士出資，再加上莊郭花等多位善信不斷募款捐款，而購得原址為汽水工廠之用地，終使圖書館迺能座落在台中市柳川西路上。

　　其成立宗旨在於弘揚佛法與儒學，並以圖書資料等作為文教服務事業。其館藏從大藏經、二十四史、四部備要，及現代科學哲學等圖書兼具，可供各界人士閱覽。除圖書借閱外，從民國四十年代末期開始，亦常年舉辦講經活動：如居士曾於每週三晚間，講授《華嚴經》、《金剛經》、《維摩詰經》、《法華經》、《楞嚴經》、《圓覺經》等經，聽眾恆在四百至五百人，至今講經活動仍延續不輟。[83] 除講經外，於此亦曾舉辦慈光大專佛學講座、學期中佛學講座。此外，亦設立念佛班、助念團，並附設托兒所、蓮友子弟德育輔導等，培育了許多兒童及青年學佛幼苗。另一項歷史紀錄，乃於民國六十二年，由慈光圖書館配合沈家楨博士辦理「佛經注疏語會附設內典研究班」，[84] 雖僅歷四年即告結束，然此乃佛教界一大創舉，更是佛教界之盛事，也可說早期之慈光圖書館實為雪廬居士弘法之重鎮。

3、設立大專佛學講座

---

[83] 董正之：〈財團法人臺中佛教蓮社簡介〉，《明倫月刊》，44 期，頁 2.
[84] 如笙：〈台灣地區第一個創設的佛教圖書館——台中慈光圖書館〉，《佛教圖書館館訊》，第 2 期，1995.6. 參見 http://www.gaya.org.tw/journal/m2/2-index.htm

民國四十九年，周子慎[85]居士感於社會風氣日漸敗壞，非以佛法教化眾生不能竟其功，又因知識份子身為社會中堅，影響頗鉅，因此，佛法需由知識份子來研究推行，俾能轉移社會風氣。於是，首先於臺灣大學發起成立佛學社（晨曦社），之後各大專院校陸續創社。由於在校同學功課繁忙，又缺乏明師指導，無法有次第的修學，佛學社僅能舉辦幾次演講，又以演講者所學不一，說法各異；且囿於時間不足，反而使學者茫然，不知所措，空擲光陰。雪廬居士有鑑於此，乃於民國五十一年三月開始舉辦佛學講座，[86]命名為「大專學生慈光講座」，目的在於使同學能藉寒暑假期，聚集一堂，以佛學會友，互砌互磋，以期學有所成。[87]

慈光講座[88]當時於臺中市柳川西路之慈光圖書館舉辦，分為夏冬令兩期。如此不輟，至民國五十八年暑假，共歷九屆，且皆為雪廬居士親自辦理。民國五十九年，因囿於場地及其他因素而停辦一年，豈知停辦一年，卻使得各大專佛學社乏人接棒，各校負責人及老社員紛紛要求再續辦佛學講座，適前九屆慈光講座同學成立明倫社，所以由明倫社聘請師長，於民國六十年舉辦大專同學佛學講座。於民國六十年二月改名為「大專明倫佛學講座」，民國七十五年因雪廬居士生西而曾停辦，後又繼續開辦至今，藉以接引廣大之學佛青年。

---

[85] 周子慎居士生平參見徐醒民：〈社論──永懷知識青年導師周公子慎老居士〉，《明倫月刊》，197 期，頁 4.

[86] 明倫社：〈第四期明倫大專佛學講座特別報導〉，《明倫月刊》，12 期，頁 1.

[87] 明倫社：〈明倫講座之緣起〉，《明倫月刊》，5 期，頁 62.

[88] 明倫社：〈慈光圖書館與明倫社合辦中部大專佛學講座〉，《明倫月刊》，15 期，頁 1.

　　大專明倫佛學講座所訂立宗旨有四點：（一）復興中華文化，改良社會風範。（二）發揚大乘法教，勵行淨土法門。（三）提倡倫理道德，培養弘護人才。（四）恪遵明倫師訓，延續儒佛慧命。由此可知，明倫講座其任務在於復興中華文化，以改善社會風氣為目標；又既為佛學講座，則以研習佛法為首務。為能徹底實踐佛陀教誨，明倫佛學講座以弘揚大乘佛法為宗旨，並以淨土念佛法門為行持功夫；創辦佛學講座，在於立住人格，提倡倫理道德，並藉以培育人才。明倫佛學講座乃奉雪盧居士師訓為宗旨，為延續儒佛慧命而努力。

　　就師資及參加學員情形而言，雪盧居士在世時，親自教授講座課程，並命受業弟子為助教，亦聘請學有專長者或德高望重者為講座教授，[89]以二十天或一個月為一期。暑假明倫大專佛學講座為初級班，參加學員來自全國大專院校佛學社學生。寒假則舉辦高級佛學講座，對象為明倫或慈光講座初級班結業的學員。近年另辦學期間大專佛學講座，由居士受業弟子代講，且學期間講座迺暑假講座之延伸。

　　至於課程內容方面，以雪盧居士所訂定之六門功課為主。就初級班課程而言，分別是：《佛學概要十四講表》此為三藏十二部之縮影，易於掌握佛法綱要；《八大人覺經》為奠定研經之入門科目；《般若心經》及《唯識簡介》為性、相二宗之縮影，可以總攝一大藏教之綱領；《佛說阿彌陀經》以信、願、行，導歸極樂，為末法時期契機法門；《普賢行願品》是勸發廣大菩提心，並勸進學人，導歸極樂。若能於六門功課中，融會貫通，不僅能堅固佛學

---

[89] 明倫社：〈第四期明倫大專佛學講座七月七日起假臺中蓮社舉行 〉，《明倫月刊》，11 期，頁 2.

知見，同時對於行持易有進境。至於高級班之課程，則包括《彌陀要解》、《淨土法要》、《卅七道品》、《八識規矩頌》、《百法明門論》、《論語》、《儒經選講》等科目，為佛學階漸，是深入經藏不可或缺之課程。除了解門功課外，亦依祖師芳規，教授佛門儀軌，藉以端正舉止，並有簡易之早晚二課，以收攝身心，使學員能體驗解行並進之重要。[90]

期末之晚會「無盡燈」，更能使學員感受延續佛法慧命之重大責任，正如雪廬居士〈殘燭〉詩所云：「未改心腸熱，全憐暗路人，但能光照遠，不惜自焚身。」而能感動多少蒼生，為傳承佛慧命而奮不顧身。簡智果居士於〈燈燈相傳綿延不盡〉一文中轉載雪廬居士所言：

> 一盞燭光，雖然很微弱，都能點亮幾百盞蠟燭，把黑暗的會場，照耀的如同白晝一樣光亮。諸位同學，我們從佛經、從中國書當中，學到了許多做人做事的道理和方法，就好像我們從「佛陀」、從「孔夫子」那裡點亮了自己心中的蠟燭一樣，我們還要把這些佛法與優良的中華文化告訴別人，也點亮了別人心中的蠟燭，這樣子，大家就不會在黑暗中摸索，在五濁惡世中迷失了方向。[91]

至今明倫講座之學員，早已遍及各界，海內緇素大德，不惟躬逢此一盛會，且能秉持雪廬居士信念，弘護正法。可見其於安定社會，弘護正法，有著莫大之貢獻。

---

[90] 勇健：〈點亮無盡心燈─十年來的明倫講座〉，《明倫月刊》，263 期，頁 74.

[91] 簡智果：〈燈燈相傳綿延不盡〉，《雪廬居士師訓集錦》，台中：青蓮出版社，2000.11.，頁 26.

4、設立內典研究班

民國六十三年二月，美國佛教會沈家楨居士為雪廬居士所勸請，開辦「佛經注疏語譯會」，最初設立於慈光圖書館。且於佛經注疏語譯會附設內典研究班，計畫分前後二階段，共計四年，招收大專院校畢業者，以深研佛典，翻譯典籍為要務。[92]自六十三年八月開學，由歷屆大專暑期講座最優秀結業學員，入班受訓，[93]共有六男、二女八位學員參加。

為能樹立良好風氣，雪廬居士訂定班訓為：（一）研經貴在得旨，（二）言語先計次序，（三）辦事要求精細，（四）文字練習暢達，（五）知過必須立改，（六）因果自應深信，（七）洞明人情事故，（八）學問切實履行，[94]共計八條。對於修學佛法之次第指出：第一是要紮住根本，第二是要如法修行，第三方能開花結果。並勉勵學員以人格為學佛之初基，同時略舉做人四條標準：第一，內念，說話行事應先為他人著想，並省察念頭，克制勿續；第二，外行，勿妨害公共秩序，勿侵犯他人自由；第三，對事，不得他人同意取用，謂不與取；求人不強人所難；第四，對人，要自尊而尊人，君子尊而學之，小人敬而遠之。雪廬居士並於內典研究班開學時，勉勵學員：

> 學佛須融會世間、出世間法，佛法雖為出世間法，實在世間法中做出。六祖壇經說：「佛法在世間，

---

[92] 董正之：〈財團法人臺中佛教蓮社簡介〉，《明倫月刊》，44 期，頁 2.

[93] 董正之：〈無盡的追思—永懷 雪廬居士恩師(中)〉，《明倫月刊》，168 期，頁 48.

[94] 簡智果：〈修學法要—淺釋內典研究班班訓其一〉，《明倫月刊》，173 期，頁 6.

不離世間覺。」重要在「覺」之一字,於世間法能
覺,即是出世法。不覺,雖出世法,亦成世間法。
「覺」之一字,乃是了不了生死、成不成佛道的關
鍵!今天我們在此學佛,若能時時求覺悟,處處求
覺悟,便是向著了生死乃至成佛的大路走去!最後
謹錄印光大師的開示以作結語:「學佛一事,原須
克盡人道,方可趣向。良以佛教,該世出世間一切
諸法,故於父言慈,於子言孝,各令盡其人道之分,
然後修出世之法,譬如欲修萬丈高樓,必先堅築地
基,開通水道。則萬丈高樓,方可增修,且可永久
不壞。若或地基不堅,必至未成而壞。」同學們!
惟願三思此言,並且起而力行,勉之!勉之![95]

由此可知居士主張學佛從做人開始,並非離世方能覓菩
提,若所學之佛法不能賅攝世間善法,實為離道而行,必
不能成就圓滿佛道。

　　內典研究班之課程共計有國文、英文、天台、楞嚴、
唯識、金剛經、起信論、百法明門論等課程。雪廬居士分
別講授《彌陀要解》、《歷代通鑑輯覽》、《顯密圓通心要集》,
居士尤重傳授講演技巧,亦多方講求,以此培育辯才無礙
之弘法幹部,幫助弘化,饒益社會。此外,並延聘專家任
教,如:淨空法師講授《金剛經》、王禮卿教授講授《國文》、
周家麟老師講授《尺牘》及《大乘起信論》、徐醒民老師講
授《唯識》。[96] 為使學員能深入經藏,會歸淨土,居士特別
禮請會性法師講授一系列之天臺課程,及《觀經妙宗鈔》

---

[95] 見〈雪廬居士遺音—人格是學佛初基〉,《明倫月刊》,164 期,頁 36.
[96] 董正之:〈無盡的追思—永懷 雪廬居士恩師(中)〉,《明倫月刊》,168
期,頁 48.

與《阿彌陀經要解》，俾益淨宗奧義之闡發，以堅固淨業。

　　現該班結業學員，已開花結果，講經說法，弘化一方，更任蓮社及聯體機構要職，獻身於慈善福利事業，成效斐然，此等皆須歸功於雪廬居士高瞻遠矚，以一粒種子，遍結百顆果實，使文化傳承後繼有人，其功厥偉！

5、開設論語講習班

　　論語講習班開創於民國六十九年十月，每一屆以二年為期，每週二、五晚上於台中蓮社上課，以《論語集釋》為教材，由榮富文化基金會按月發予學員獎學金，講習班至今仍開辦中，每期約有四十名正式學員報名參加，[97]其他尚有數十位旁聽學員。於開辦之初，由雪廬居士親自接任班主任，直至民國七十五年四月居士西歸，方由周家麟居士接任班主任，[98]並由周家麟與徐醒民兩位居士繼續帶領論語班。

　　雪廬居士講授《論語》，其意在於「注重學道，並以立人格、知天命為學道之本」，可見居士開設論語講習班，並非只要人增加知識，而是要能立住人格，並能知天命；既能知天命，則身處世間，便不為財富、權勢、名位所動搖。徐醒民居士曾筆記雪廬居士講授之《論語》，而成《論語講要》，並於〈開卷語〉提及雪廬居士以「道、德、仁、藝」為綱領，[99]其內涵如下：

　　　　道乃人之心體，即《中庸》云，天命之謂性。是性

---

[97] 淨毅：〈弘化點滴（一）---論語講習班師長勸勉〉，《明倫月刊》，206期，頁44.

[98] 治喪委員會：〈周家麟老居士事略〉，《明倫月刊》，362期，頁24.

[99] 以上參見李炳南：《論語講要》，台中：青蓮出版社，2003，頁3.

天然而有，寂然不動，而人不自知。德者由體所起
微動之相，亦即初動之心念，人亦昧而不知。仁與
藝，皆是體相所發之大用。仁者親也，厚以待人，
推至於物，乃用之根本。藝者，禮樂射御書數，以
及一切藝術技能。讀《論語》者，要在知有是道。
知而脩之，則漸與習俗相遠，與天性相近。脩至極
處，則無習俗，而唯自性，即至聖人之境。聖人通
明無礙，無所不能。脩是道者，須依事相而行。禮
樂以至百工，施於政教百業，皆事也。事本於仁，
去爭行讓，公而無私。初由勉強而行，後則安而行
之，入形而上，動念是道，聖功成矣。二十篇中，
諸章經文，有說體者，有說相者，有說用者。學者
以此四綱，釋其經義，綱舉目張，其庶乎學之有道
矣。[100]

由此可知雪廬居士融會儒釋二家，援佛釋儒，以心性釋道
體，以德釋初動之念，以仁及藝為體之相用，然由無始劫
來迷昧於五塵，不知諸法正因緣，於是漸習於流俗，遂捨
天性之本真，故須於日用平常，漸漸修習，去惡生善，使
之反璞歸真，終能入聖流之境。此即雪廬居士開辦論語講
習班，希望學子能「注重學道，並以立人格、知天命為學
道之本」的教育本懷。

6、成立社教科

　　民國七十二年正值動畫媒體流行之際，雪廬居士以為
動畫卡通是傳播佛法之利器，遂於該年十月創辦「台中蓮
社動畫研習班」，後改名為「社教科研習班」，繼續培養人

---

[100] 李炳南：《論語講要》，台中：青蓮出版社，2003，頁3.

才。該年並獲周榮富大德捐助，興建「六吉樓」，作為社教科、國學啟蒙班上課，以及廣播社使用之場所。[101]

　　社教科參加學員以大學畢業為主，亦多有已獲碩士以上學歷之學員發心來研學，一期以兩年為限，至今（民國九十五年）已屆十二期。對於社教科之成立，除了學習相關技藝外，首重人格養成，周家麟居士曾言：

> 近又成立社教科，教學國畫、國樂、文學、詩學，以「忠」「孝」二字作基礎，樹立青年基本人格，以為人群社會發揚仁愛精神立基。常警眾：為人子者若對父母至親尚不能服勞奉養，何能輕言愛國？基本人格尚不能守，何言學佛？[102]

由此可知社教科仍為儒佛兼學，首重忠孝，期能為人群奉獻。第一屆至第三屆之學員主要以「動畫班」之術科為主，故開設國畫、漫畫、國樂、素描、水彩、書法等課程；另外亦有佛學、儒學等課程。學員參加之資格，須經筆試（問卷和術科考試）和面試通過，以具美術基礎者，來培養動畫弘法人才為目標。自第四屆至第十二屆，社教科課程則有所轉變，內容則以佛學為主，儒學、國樂為輔（參見 5-2 社教科沿革一覽表）。

　　由於社教科學員於在學期間，終日浸潤於儒佛聖賢教育中，深受固有文化之薰陶，多能成為謙謙君子，並為儒佛傳播走入家庭社會，亦為蓮社重要活動之主要成員，顯見雪廬居士對於教育事業之重視與遠見。

---

[101] 治喪委員會：〈富海仁山──周榮富大德〉，《明倫月刊》，329 期，頁 24.
[102] 周家麟：〈無盡的追思──悼恩師〉，《明倫月刊》，164 期，頁 78.

社教科沿革一覽表[103]

時　間	72~77 年	78~95 年
屆　別	第一屆到第三屆	四屆到第十二屆
課　程	「動畫班」術科為主	佛學課為主
	佛學、儒學為輔	儒學、國樂等為輔

7、成立明倫社

　　明倫社主要是由前九屆慈光講座同學，於民國五十九年三月成立，初位於蓮社，後遷址至「六吉樓」。主要以培養青年佛教人才，推展弘化及慈善事業為宗旨。雪廬居士於明倫社創辦之初，即立以「四為三不」社訓，以為歷屆講座學生學佛之規範。四為者：為求學問，為轉移汙俗，為求解脫，為弘護正法。三不者：不以佛法受人利用，不藉佛法貪名圖利，不昧佛法同流合污。藉以匡正學佛風氣，並立住人格。

　　先前之大專佛學講座，迨明倫社成立，遂更名為「明倫大專佛學講座」，其課程及教師如舊，後又辦理中部學期中大專佛學講座。為能自行化他，居士亦為明倫學員訂定四學科，即講經、演講、辦事、作文四科，以為學佛與弘法所必需者，因一人精力有限，遂令擇其一、二專精修學。為能深入各地弘法，另派明倫社員於中部各大專院校佛學社，或至其他佛法道場，講演佛法。

---

[103]以上參見劉靜宜：〈雪廬老人儒佛教化事業探述〉，頁 149.

8、開辦廣播及出版事業

　　為能擴大弘法範圍，便於一般人聽經，迺與彰化國聲廣播電臺合辦佛教廣播節目「蓮友之聲」，由明倫社員輪流廣播佛法，以接引初機。此外又設立青蓮出版社，印行佛經暨闡明因果報應等書，以資勸化。另外亦創辦明倫雜誌社，發行明倫月刊，以宣揚佛學與儒學之精粹。[104]

　　雪盧居士一生重禮樂教化，除宣揚禮教外，亦重視樂教之薰陶。居士一生為感化有緣眾生，曾親自寫下四十餘首佛教歌詞，並由著名音樂家為之譜下微妙動人之歌曲後，出版了「梵音集」，後亦錄製卡帶及光碟，至今仍為人們所傳頌。

　　「明倫廣播節目供應社」（簡稱明倫廣播社）之成立緣起，必須追溯至民國六十二年，為實現空中弘法，於是在廣播界前輩黃懷中倡議下，居士同意創立。一開始在彰化國聲電台播出「蓮友之聲」，後又於民國六十八年開播中華文化節目，內容有中國寓言故事、人生漫談、教育漫談、論語等。由於成績斐然，乃正式成立「明倫廣播節目供應社」。民國七十三年，又於復興廣播電台開播「明倫之聲」。民國七十四年又於漁業廣播電台開播：佛學淺說、古今因果報應故事、論語等節目。現今明倫廣播社，精製廣播節目，免費供應各電台（有「中華文化」、「蓮友之聲」、「明倫之聲」）其中一部分是國語，一部分是台語。全省各電台聯合廣播，由本省各地，一直播到香港、南洋群島。之後又透過聯合廣播網供應基隆益世、台北民本、桃園先聲、苗栗天聲、台中中聲、高雄鳳鳴、屏東民立以及花蓮燕聲電台等，在星期天聯播，擴大空中弘法，以接引眾生入佛

---

[104] 見治喪委員會：〈李公老居士雪盧事略〉，《明倫月刊》，164 期，頁 4.

門,並達匡正世風之效。[105]

　　就出版事業而論,明倫月刊於民國五十九年創刊,由雪廬居士所創立,周宣德教授曾喻為弘法之一大傑作[106],可見明倫月刊實有其分量及影響力。居士生西後,由徐醒民居士繼任為發行人,持續為文化事業而耕耘。該月刊原為三十二開小本刊物,於民國七十二年擴版為十六開。三十多年來,每月發行量有六千份,並有海外版在美加地區贈送華裔人士,完全免費,廣結善緣。明倫月刊之設立以弘揚儒佛精神,改善社會風氣,化導人心,普勸念佛為宗旨。[107]顧名思議,明倫二字的涵義,即是要將佛法的『五明』哲學和中國的『五倫』道德溝通起來,[108]故知明倫乃為儒佛兼弘之刊物。在世界諸文明中,以佛家與儒家最為深究心法,又迄漢魏佛法東傳後,儒佛逐漸融會,使得儒家心性之說,在佛家之注解下,更加大明,然二說目標不同,儒家重倫理,佛家重心性,二者合之則雙美矣。故知明倫月刊即為化導人心,使人明因果,遵人倫,藉以轉移社會污俗而發刊。

　　明倫發刊至今,廣受海內外人士支持,有些讀者認為明倫月刊單純、可靠,可以做為修行教材;有些則以為其在藝術創作及文學思想上頗具參考價值;[109]有讀者亦反映,所刊之專欄,適合大人小孩;正如讀者所言「每月的明倫,像是一劑清泉,一陣法雨,澆灌著為家事、公事、

---

[105] 參見劉靜宜:〈雪廬老人儒佛教化事業探述〉,頁150.

[106] 周邦道:〈李公雪廬導師平生簡介〉,《明倫月刊》,164期,頁4.

[107] 參見「明倫月刊資訊網」網址:http://www.minlun.org.tw/.

[108] 寄東:〈雪廬居士導師往生週年忌辰追思紀實〉,《明倫月刊》,173期,頁14.

[109] 參見釋道法、戴若梅等:〈讀者來鴻〉,《明倫月刊》,300期,頁66.

俗事而忙的心。」；更有讀者以「對於貴刊以捧出心來與佛看的用心，令人感佩」[110]嘉許之。

此外，「青蓮出版社」成立於雪廬居士八十五歲時，以印行佛儒經書及各種社會教育書籍為主，並免費與各界結緣。早期出版之刊物，大多是「弘化社」所出版之書籍，如《學佛淺說》、《佛法導論》等，淺顯易懂。目前所出版的刊物，略歸為七類：淨土類、法華類、性宗類、相宗類、儒學類、其他類；舉凡有益於社會人心之通俗書籍，或能為念佛助功者，如性相二宗典冊等，皆在流通之列。

（四）興辦慈善事業

「老有所終」「幼有所長」為雪廬居士之一貫悲願。為能行社會救濟，則成立菩提仁愛之家，使老者皆有所養，內附設菩提醫院、善果林弘法等單位，俾益老者能安養天年，神棲淨域。為能收容孤苦無依之兒童，又成立慈光育幼院，為解決社會問題盡一分心力。

1、成立菩提仁愛之家

雪廬居士為發揚佛教慈悲精神，協助政府推行社會救助事業，以使鰥寡孤獨者皆有所養，並解決人生之老病等問題，遂於民國五十二年四月八日在朱斐、黃雪銀、于凌波、林進蘭、張慶祝等諸位大德的護持下，成立一小型門診，為佛教四眾及台中市貧病市民服務。後應各方之期盼與樂捐，同時於市郊台中縣境大里市現址購地一公頃餘，營建房舍。[111]並於民國五十三年五月十九日立案改為「菩

---

[110] 以上參見魏金坤等：〈讀者來鴻〉，《明倫月刊》，301期，頁58.
[111] 淨成：〈菩提仁愛之家的回顧與展望〉，《明倫月刊》，263期，頁72.

提救濟院」,同年 6 月 13 日召開第一屆董事會第一次會議,
擬定發展之業務有醫院、安老所、施醫所、保嬰所及佛教
善果林等事業,計劃逐步完成,此是佛教在台灣對社會大
眾慈善事業之開端。至六十年七月奉政府通令改為「菩提
仁愛之家」。[112]

　　雪廬居士並親訂四種誓願:(一)施診施藥:不分任
何宗教,凡有疾病、家貧無力醫療者,本家概予施診施藥。
(二)精神安慰:由發心蓮友組織慰問團,輪流在病房及
老人宿舍服務,使病人、老人得到一切便利。(三)祈禱法
會:在本家太虛紀念館,定期修法,專為樂捐善士、來診
病人與老人,消災延壽。以為本家發展之綱領。(四)助念
往生:住院病人及老人,形壽盡時,凡有佛教信仰者,移
入助念室為之念佛,助生極樂!

　　就其設立之單位,包括施醫所:此設於本院功德堂,
凡貧病無力醫療者,發給醫療券,持往菩提醫院就醫。安
老所:以收養貧苦無依老人,使其安享天年。另有養心堂、
耆德樓,專供老年佛教徒自費安住修持。兒童福利:本院
以「寶松和尚紀念療養院」三樓大廈一座,與臺灣省政府
社會處合辦小康計劃兒童福利中心,推展兒童福利事業。
佛教善果林:設本院「太虛紀念館」,為本院弘法利生之機
關,師於每星期四晚間在此講經,常年不輟,聽眾恆在三
百餘人。此外,每年定期舉辦各項社會救濟。另有保嬰所
之設置。[113]

　　菩提仁愛之家,可以說是結合安養、醫療、兒童福利
以及弘法之小型社區,此即實現《禮運•大同》所謂「使
老有所終,壯有所用,幼有所長」之理念,為社會慈善事

---

[112] 菩提仁愛之家網頁:http://www.bodhi.org.tw/index.php.
[113] 淨成:〈菩提仁愛之家的回顧與展望〉,《明倫月刊》,263 期,頁 72.

業默默奉獻，也使佛陀慈悲精神及雪廬居士悲願能繼續發揚下去。

2、設立慈光育幼院（慈馨兒少之家）[114]

民國四十八年由於「八七水災」造成許多孤兒流離失所，雪廬居士與台中蓮社蓮友秉持慈悲濟世之精神發起創辦育幼院，民國四十九年五月正式立案，訂名為台中市私立慈光育幼院。由於於民國四十九年立案時，經濟拮据，無法設立基金會成立財團法人，因此將不動產皆登記於財團法人慈光圖書館名下，至民國六十二年修訂章程，而回歸台中市佛教蓮社蓮友創辦，於民國八十四年登記為財團法人組織，訂名為財團法人台中市私立慈光育幼院，然而於民國八十五年因慈光圖書館來函謂育幼院所使用土地房舍為該館所有，故育幼院無權佔用，經多方協調無功，又民國八十七年雙方提起民事訴訟，至民國九十三年九月本院被判決敗訴。台中市政府並依判決結果，撤銷育幼院設立許可。於是育幼院不得不於民國九十三年十二月撤離居住四十多年的家園。於民國九十年及九十一年分別於台中市東區東英路旁購置土地共計 210 坪，並延請建築師設計，擬建新院舍，做訴訟敗訴時，院童安置之所。且於民國九十二年成立「財團法人台中市私立慈光社會福利慈善事業基金會」，以為永續經營之準備。基金會目前正積極規劃籌建「慈馨兒少之家」，為安置協助更多家境困難或受虐兒童，結合社會及專業資源，共同培育兒童獨立自主的能力，同時協助家庭關係重建，進而作社區服務。

---

[114] 慈光育幼院網頁：http://www.tkcy.org.tw/.

慈馨兒少之家其宗旨如下：一、發揚儒家幼人之幼的精神及佛家慈悲濟眾的心懷，並配合政府推行社會福利工作，提供需協助的兒童安置處遇的服務。二、確保兒童基本人權和尊嚴，提供法律制定的兒童保護服務。三、在和諧、尊嚴、寬容、自由、平等的精神及安全、溫馨的環境之下，讓兒童學習成為能夠為自己負責的獨立個體。四、協助家庭關係重建，使兒童早日回歸家庭。

慈馨兒少之家目前收容三足歲以上，父母雙亡、無親可依；單親家庭、無力扶養；棄童；父母入獄、無親可依；受虐兒童。採教與養並重方式，每六位院童即有一位專任教保老師照顧生活起居、身心健康及課業學習；並著重倫理、品格、因果教育。至今撫養成人之院童超過 700 人，曾榮獲內政部評鑑為全國績優育幼機構。慈馨兒少之家雖面臨著困境，然為能使「幼有所長」之社會慈善事業永續經營，將秉持雪廬居士創辦慈光育幼院之精神，持續來解救社會之苦難。

四、結語

雪廬居士一生對於文化、教育、社會、宗教各個層面貢獻良多，周邦道先生並以為，在近代中國佛教居士大德中，實鮮有出其右者，其云：

> 我們當代的佛學大德很多，清朝末葉到民國年間，研究佛學的人特別多。比方丁福保、江味農、范古農、劉洙源、王小徐、尤智表、黃懺華、梅光羲、呂澂、唐大圓、黃智海、尤惜陰、李圓淨、陳海量

等，這許多大德，著作非常豐富，但多屬文字般若。

縱然如楊仁山居士與歐陽竟無居士，雖亦興學弘法，但受益者有限，皆無法與雪廬居士相媲美，又云：

> 楊仁山先生首先創金陵刻經處，辦祇洹精舍；歐陽竟無先生創支那內學院、法相大學，羅致很多高深學者在那邊研究。但是他兩位大德，造就的人數不很多，因為他的範圍所限，傳播法音，沒有現在我們這樣的工具。

與上述諸佛教居士大德相較之下，雪廬居士以書信、著述、廣播弘法，並以身教相從，感動海內外人心，從而學佛者，實難計數，又云：

> 我們的老師他直接的講述，確切的指導，通函答問。還有間接聽他的廣播，看他的著作，及海內外感受人格、聲望、學問的影響，而私淑崇仰的人很多，不過數目不容易統計。[115]

雪廬居士以一介白衣，弘法度生，而於生西荼毘時，感念者眾多，可說是史無前例，觀其一生行誼與貢獻，就佛學史或佛教教育史上，其地位實難可比倫，又云：

> 當他老人家捨報生西時、移靈時、大殮時、荼毘時，多少人痛哭流涕，來給他念佛、跪拜，這種感人深切的事實，是過去所沒有看見的。今天的公祭，從諸山長老、諸位法師、諸位長官、諸位長者、諸位大德、諸位同修、諸位同學，遠道近處來的。如此

---

[115] 參見周邦道：〈李公雪廬導師平生簡介〉，《明倫月刊》，165 期，頁 4.

之多，都是他老人家人格學問感動所致。以他老人
家一介白衣，宣揚佛法，有這種偉大的成就，我們
反觀過去歷史，似乎還沒有看到相同的人。所以，
他的偉大之處，我們從佛學史上，佛教教育史上來
說，他是站在一個特別重要，難可比倫的地位。[116]

　　雪廬居士雖已西歸，然其一生行誼及貢獻實至今仍是
「未減清光照世人」。[117]觀其一生度眾之志業，即以「廣學
三藏教，不改彌陀行」為其自利度他之信念。可以分成二
部分：第一「廣學三藏教」實為開啟眾生之菩提覺性，第
二部分「不改彌陀行」實為引領眾生趨入涅槃解脫之境。
就開啟菩提覺性而言，居士一生講學，及所創之文教事業，
皆以此為圭臬。就系統上，以儒佛同源思想為其體，以外
儒內佛為其相，以化導人心為其用；就方法上，以樹立儒
家人格標準為始，以學佛求解脫為終。就引眾歸涅槃境而
言，觀雪廬居士之行誼，以深信因果為解脫之正因，以持
名念佛為正行，以社會救濟為助功。其行誼及思想體系，
可以綜合如下表：

---

[116] 參見周邦道：〈李公雪廬導師平生簡介〉，《明倫月刊》，165 期，頁 4.
[117] 雪廬居士：〈阿姆斯壯登月後述懷〉：「遺貌嘗聞解取神，舉杯依舊兩
情親。漢時關上秦時月，未減清光照世人。」

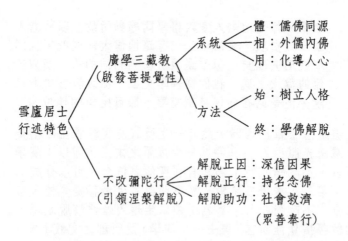

佛陀一代度生本懷，如《法華經》所謂，要使眾生能
開佛知見、示佛知見、悟佛知見、入佛知見，總不出啟發
眾生之菩提覺性，使其自覺迷失原有真性，並導以契機法
門，以持戒修定發慧，究竟解脫成佛。觀雪廬居士一生行
誼，以立住人格為學佛基礎，此即太虛大師所謂：「仰止唯
佛陀，完成在人格，人成即佛成，是名真現實。」故為此
而弘揚儒學，並以為儒佛同源，更進一步以佛解儒，融會
儒佛，以啟發吾人本具之覺性，藉以化導人心。此外，為
使眾生入佛知見，深信因果，確能挽救劫難，以淨土念佛
法門為解脫正因，故興辦社會公益慈善事業為助功。雪廬
居士雖已西去，然其德澤，普利群萌，對於改善社會風氣，
轉移污俗，貢獻良多；尤其於宗教、文化、教育上，其精
神感召與影響，盡未來際，難以估量矣。

參考文獻

一、專書部份

阮元校勘：《十三經注疏‧尚書》，台北：藝文印書館，1976.

熊　琬：《宋代理學與佛學之探討》，台北：文津出版社，1985.

李炳南：《雪廬老人法彙》，台中：青蓮出版社，1988. 4.

李炳南：《李炳南居士全集》，台中：青蓮出版社，1988. 5.

朱葵菊：《中國歷代思想史‧清代卷》六，〈第十一章李顒的「悔過自新」思想，台北：文津出版社，1993. 12.

李炳南：《弘護小品彙存》，台中：青蓮出版社，1996. 3.

李炳南編表，吳聰敏演述：《佛學概要十四講》，台中：青蓮出版社，2004.

陳雍澤：《雪廬老人儒佛融會思想研究》，台中：青蓮出版社，2006. 3.

二、期刊部份

呂佛庭：〈哭李雪老〉，《菩提樹》，403 期，1986. 6. 8.

仁　俊：〈炳公長者「無忝所生」－世法中的活人‧佛法中的行者〉，《菩提樹》，403 期，1986. 6. 8.

如　笙：〈台灣地區第一個創設的佛教圖書館－台中慈光圖書館〉，《佛教圖書館館訊》，2 期，1995. 6.

簡智果：〈燈燈相傳綿延不盡〉，《雪廬居士師訓集錦》，台中：青蓮出版社，2000. 11.

劉靜宜：〈雪廬老人儒佛教化事業探述〉，《紀念李炳南教授往生 20 週年學術研討會會議論文》，台中：國立中興大學中文系，2006. 4. 8.

The Research of Hermit Shuei-lui's Contributes and Behavior for All his Life

Shu shu-wha

Abstract

Hermit Shuei-lui's contributes for all his life were focused on the waking of the innocent nature and guiding of nirvana , and the former was on "Learning widely of Classicals for Buddhism ", as for the later was "Practising on Amitabha's religion ", all above been realized in social education and philanthropic work. Hermit Shuei-lui could be praised as model after Chung dynasty except monks.

Keywords : Hermit Shuei-lui, Lee Bean-nan, Lee Shuei-lui, Master Lee , behavior, contributes

「博學與雅緻」編後

在價值觀混淆的年代，學生已受速食文化與功利主義侵蝕，教育也已出現失衡現象。大學的主要目的，不只是傳授專業知識或就業技能，更重要的是要培養學生的知識整合能力、思考能力以及文化素養。通識教育不在培養專業技術，也不以功利為導向，課程的設計以建立學生尊重生命、關懷生命為主。換言之，通識教育是以人為主體的教育，是生活與人格的教育，旨在以全人教育為理想，培養學生獨立完整的人格。

通識教育不僅是各高等學府在進行專業教育前的基礎教育，更是發展與培養學生健全人格與興趣的適性教育。本校通識教育含括博學領域與雅緻領域，其內容涵蓋國學經典、國際視野、史政法哲、知識管理、人文藝術、體適能、自然與生命科學、蠡澤風雅等眾多學術領域。目

的就是希望能以多樣性的課程與知識傳授，讓學生能夠在這些課程中，聽得多，看得多，懂得多也思考得多，從而為自己的生命旅程畫出一條美麗航線。

在同仁的努力、學校的支持下，通識教育中心逐步改革，進而落實紮根，為了鼓勵教師的研究創作，也為了幫助學生吸收新知，「博學與雅緻」應運而生。取名為「博學與雅緻」，是因為通識課程是多學科、跨領域、包羅萬象，不僅能以宏觀，也能微觀，呈現百家齊鳴、質量均衡的豐富園地。故舉凡文、史、哲、藝術、社會、自然科學……之理論與實務研究探討之文章，皆為本刊所涵蓋。本期即以八大領域，各邀一稿，辦理學術研討會，會後將修正之論文，結集出刊，以饗同好。本論文集之出版，只是象徵一個開始，深切期盼海內外各方賢達及關心通識教育之工作者，一同來分享寶貴心得與研究成果，并共同為提昇我國通識教育而努力。

國家圖書館出版品預行編目資料

博學與雅緻：明道管理學院通識教育研討會 ／

　許淑華主編. -- 初版. -- 臺北市：萬卷樓,

　2007[民 96]

　面；　　　公分

　ISBN 978－ 957－739－587－0 (平裝)

　1.通識教育－論文,講詞等

　525.4207　　　　　　　　　96002704

博學與雅緻
——明道管理學院通識教育研討會

主　　　編：許淑華

發 行 人：許素真

出 版 者：萬卷樓圖書股份有限公司

　　　　　　臺北市羅斯福路二段 41 號 6 樓之 3

　　　　　　電話(02)23216565・23952992

　　　　　　傳真(02)23944113

　　　　　　劃撥帳號 15624015

出版登記證：新聞局局版臺業字第 5655 號

網　　　址：http://www.wanjuan.com.tw

E － mail：wanjuan@tpts5.seed.net.tw

承 印 廠 商：晟齊實業有限公司

定　　　價：280 元

出 版 日 期：2007 年 3 月初版

（如有缺頁或破損，請寄回本公司更換，謝謝）

◉版權所有　翻印必究◉

ISBN 978－957－739－587－0